立信会计系列精品教材

国家级特色专业教材
上海市会计学教育高地重点建设项目

《管理会计学》
学习指导书

主编 曹 中

副主编 杨月芬

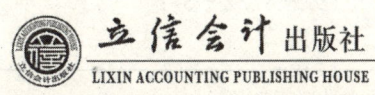
立信会计出版社
LIXIN ACCOUNTING PUBLISHING HOUSE

图书在版编目(CIP)数据

《管理会计学》学习指导书 / 曹中主编. —上海：
立信会计出版社，2013.1
立信会计系列精品教材
ISBN 978 - 7 - 5429 - 3722 - 3

Ⅰ. ①管… Ⅱ. ①曹… Ⅲ. ①管理会计—自学参考资
料 Ⅳ. ①F234.3

中国版本图书馆 CIP 数据核字(2013)第 028721 号

责任编辑　　陈　旻
封面设计　　周崇文

《管理会计学》学习指导书

出版发行	立信会计出版社		
地　　址	上海市中山西路 2230 号	邮政编码	200235
电　　话	(021)64411389	传　真	(021)64411325
网　　址	www. lixinaph. com	电子邮箱	lixinaph2019@126. com
网上书店	http://lixin. jd. com		http://lxkjcbs. tmall. com
经　　销	各地新华书店		

印　　刷	常熟市梅李印刷有限公司
开　　本	787 毫米×960 毫米　　1/16
印　　张	13
字　　数	247 千字
版　　次	2013 年 1 月第 1 版
印　　次	2019 年 6 月第 2 次
印　　数	3101—4200
书　　号	ISBN 978 - 7 - 5429 - 3722 - 3/F
定　　价	26.00 元

前　言

　　"管理会计学"是现代会计学的重要分支,是会计和管理的直接融合,是多种学科相互渗透的边缘学科,具有极强的综合性和应用性。管理会计系统是指为公司内部决策者所使用而开发的会计信息系统,管理会计系统产出的信息对很多商业决策(特别是营销和运营决策)起到很大作用。管理会计借鉴了现代经济管理的技术和方法,对未来经济活动进行预测、决策、制定战略规划(编制计划和预算),在执行过程中实施控制,并对执行结果进行责任考评,从而向管理当局提供有效信息以帮助其进行经营管理决策。《管理会计学》教材于2007年5月出版,2012年1月再版,得到了使用该教材师生和读者的肯定。根据教学需求,我们编写《〈管理会计学〉学习指导书》,作为《管理会计学》的辅助教材,配合"管理会计学"课程的教学,以提供更加丰富的学习内容和相关信息,强化学习者的实践应用能力和自主学习能力。

　　《〈管理会计学〉学习指导书》的体系结构与教材一致,各章内容包括:内容的概要解析、背景资料、阅读文献、复习题和参考答案,最后附有三套模拟试卷。

　　内容的概要解析:概括、简练地梳理了各章主要内容,对重要观点和疑点、难点进行解析。

　　背景资料:对管理会计的发展背景、变化趋势以及本领域有争议的问题或不同观点等进行介绍,以拓展学习者的视野。

　　阅读文献:提供较为经典、重要的文献或介绍不同观点的论文,有助于学习者进一步探究和思考。

　　复习题:包括思考题、判断题、单项选择题、多项选择题、业务题和案例分析题,内容覆盖"管理会计学"课程的主要教学重点或难点,题量较大,其难易程度与教材所附习题形成合适的梯度,以利于学习者循序渐进地学习,强化实践应用能力。

　　参考答案:对于判断题、单项选择题、多项选择题、业务题均提供参考答案,案例分析题提供解题基本思路,有助于学习者自我检测,了解自己对所学内容的掌握程度,以发现薄弱环节。

　　模拟试卷:提供三套模拟试卷,并附参考答案及评分标准,便于学习者练习巩固。

　　本书由曹中担任主编，由杨月芬担任副主编。主编负责拟订编写大纲、设计体例和结构，并负责总纂、修改和定稿。编写分工与《管理会计学》教材基本相同：第一章、第六章和第九章由曹中执笔；第二章由张莹星执笔；第三章由杨月芬执笔；第四章由施用进执笔；第五章由金梅执笔；第七章由李颖琦执笔；第八章、第十一章由徐德镛执笔；第十章由梅劲执笔；第十二章由柴庆孚执笔。

　　本书以高等院校会计学、财务管理、审计学专业本科学生为主要对象，也可作为工商管理、金融学等经济管理类其他专业学生的教材，还能供会计人员进修培训之用。同时，对于会计理论工作者和会计实务工作者也具有参考价值。

　　在编写过程中，我们参考了许多中外学者、专家的论著和教材，并将主要阅读文献分别附在各章之后。在此，谨向这些论著和教材的作者表示衷心的感谢！

　　书中如有不当及疏漏之处，恳请广大读者及各位同仁不吝指正，以便再版时作进一步补充和修订。

编　者
2013 年 1 月

目　　录

第一章 总 论

一、内容的概要解析

(一)管理会计的基本职能、基本内容和特点

管理会计是从传统的会计系统中分离出来,与财务会计并列的独立学科,是一门新兴的综合性的边缘学科,是一个服务于企业内部经营管理的信息系统。管理会计是向企业决策者提供有效信息以帮助其进行经营管理的会计分支,是会计和管理的直接融合。管理会计信息系统(management accounting information system)是管理信息系统的一个子系统,它为满足特定的管理目标提供所需信息,是企业决策支持系统的重要组成部分。信息加工处理是管理会计信息系统的核心,信息加工处理过程表现为一系列的活动,包括信息的收集、计量、存储、分析、报告和管理。经济事件的信息经过加工过程转变为可以满足系统目标的输出,包括预算、产品成本、客户成本、风险管控、特别报告、业绩报告和人际沟通等。

管理会计信息系统的目标主要有三个:① 为管理层提供产品及其他对象的成本信息、同时提供与计算相关的服务;② 为计划、控制、评估、风险管理和持续改进提供信息和服务;③ 为决策提供信息和服务。

这三个目标表明管理者和其他信息使用者必须学会使用管理会计信息。这些信息有助于发现问题、解决问题和评估绩效。管理活动的各个阶段,包括计划、控制和决策,都离不开会计信息,所以管理会计是指为公司内部决策者所使用而开发的会计信息系统,管理会计系统产出的信息对很多商业决策(特别是营销和运营决策)起到很大作用。并且,对会计信息的需求并不局限于制造型企业,也包括各种服务性组织和非营利性组织。

1. 管理会计的职能

管理会计的职能是指管理会计在企业管理过程中所承担的职责和具有的功能。从管理会计的产生和发展的过程来看,其职能是随着社会经济的日益发展而逐渐扩大的。传统的财务会计的基本职能是核算和监督,而管理会计的基本职能扩大到了预测、决策、规划、控制及责任考评等方面的职能。

2. 管理会计的内容

管理会计的基本内容是指与其基本职能相适应的工作内容,大致可分为预测决策会计、规划控制会计和责任会计三部分,具体包括预测分析、决策分析、全面预算、

成本控制和责任会计等方面。预测决策会计、规划控制会计和责任会计三者既相对独立,又相辅相成,共同构成了现代管理会计的基本内容。

3. 管理会计的特点

管理会计的特点可从比较管理会计与财务会计的联系与区别得到反映。

(1) 管理会计与财务会计的联系主要体现在以下三个方面:① 管理会计与财务会计的目标一致;② 管理会计与财务会计基本信息来源相同,管理会计报告与财务会计报告经常源于同一个数据库;③ 财务会计的改革将不断推动管理会计的发展。

(2) 对比管理会计与财务会计,能发现许多差异,较重要的有下面几个方面:

一是对输入和处理的限制不同。美国财务会计准则委员会(FASB)、美国证券交易委员会(SEC)、美国上市公司会计监督委员会(PCAOB)制定了财务会计必须遵循的用以日常核算最终生成财务报告的会计程序。财务会计信息的输入和处理有明确的规定和限制,只有特定的经济事件才可以作为财务会计系统的信息输入,而处理过程必须遵循公认的原则和采用规定的方法。管理会计不同于财务会计,没有官方组织强制规定的格式、内容或选择输入、处理和提供财务报告的规则。只要经过成本效益分析的有用信息,都可以作为信息来源。

二是时间取向不同。财务会计侧重于过去已经发生的经济活动和信息,记录和报告历史事件;管理会计尽管也记录和报告过去已发生的事件,但更注重提供未来事件的相关信息。例如,管理层不但想知道现在生产一件产品消耗了多少成本,而且更想知道将来生产一件产品会花费多少成本。一旦掌握了将来生产单位产品的成本消耗,就会有助于制订材料采购计划和作出定价决策等。管理会计要为管理计划和决策提供帮助的职能,要求它必须着眼于未来的经济活动及其信息。

三是信息的类型不同。财务会计受到一定准则限制,获得的信息一般都是客观、可验证的信息。管理会计的信息既可以是财务信息,也可以是非财务信息,而且管理会计提供的信息比财务会计信息具有更大的主观性。

四是目标信息用户不同。财务会计主要面向外部信息使用者,而管理会计主要是向内部信息使用者提供信息。

五是集成程度不同。管理会计提供考评各实体、各类产品、各部门和管理人员业绩的措施和内部报告。所以,至关重要的是需要提供十分详尽的信息。而财务会计从一个更加集成的角度,着眼于评价整个企业的综合业绩。

六是学科外延不同。管理会计比财务会计更加宽泛,涉及管理经济学、工业工程学、组织行为学和众多的其他领域。

(二) 管理会计的发展

管理会计的发展,大体经历了两个基本阶段:传统管理会计阶段和现代管理会计阶段。

20世纪50年代以来，人们对于传统成本系统做了一些改进，使其在管理方面开始发挥更大作用。信息使用者认为，以提供财务报告为目的而设计的成本系统所产生的信息存在缺陷，从而人们采取了一些改进措施，这些措施并不是致力于在原有外部报送体系之外再构建一套全新的体系，而主要是使财务会计信息对使用者更为有用。

20世纪80年代以来，人们认识到传统管理会计的方法已不能满足管理的需求，甚至有人还指出，管理会计系统已经过时或几乎没有用了。管理会计需要获得更精确的产品成本信息和资源资本信息输入，以帮助人们改进质量、提高生产率和降低成本。针对传统管理会计系统的这种缺陷，人们努力去开发一套新的管理会计系统，以满足经济发展的需求。由于企业环境发生了巨大变化，从而在管理会计实践中涌现了许多新分支、新内容，如作业成本管理、战略管理会计、平衡记分卡、适时制造系统、基于时间的管理、全面质量管理、环境管理会计等。

（三）管理会计师知识体系和职业道德

管理会计实务的目的是为了帮助企业实现价值最大化的目标。管理会计在以英、美为代表的西方主要先进发达国家，明显地具有职业化特征，注册管理会计师（CMA）和注册会计师（CPA）一样得到社会的公认，在管理会计发展历程中形成了自身的知识体系和职业道德规范。美国管理会计师协会（Institute of Management Accountants，IMA）设立的"管理会计师"考试项目得到企业界的广泛支持，企业普遍鼓励员工参加管理会计师的资格考试，许多大公司还提供财务上的帮助。可见管理会计师考试项目的实施，大大提高了管理会计的教育水平，可以吸引和鼓励更多的人从事这一领域的学习和研究，从而推动管理会计师理论与实践水平的提高。

萨班斯-奥克斯利法案（Sarbanes-Oxley Act，SOX）要求公司的高级财务人员必须遵守道德准则，或者必须公开披露高级财务人员未能遵守这些准则的信息。不少公司（特别是上市公司）已经颁布了自己的道德准则，用以约束公司所有员工的行为。一些行业协会也制定了相关职业准则，如国际管理会计师协会（IMA）在2005年颁布了修订后的管理会计人员职业道德行为声明——《职业道德行为公告》。此公告基于诚实、公平、客观和负责的原则，以满足国际管理会计师协会国际成员的全球需要。

二、背景资料

财务会计的英文名称是"financial accounting"，从字面上理解是服务于融资的会计。《华尔街日报》在早期为公司财务开辟新栏目时，对财务作了如下定义：business of financing business（为企业融资的事务）。而韦氏大辞典将动词"to finance"定义为：to raise or provide funds or capital for(筹集资金或资本)。既然财务会计是服务于融资的会计，那么财务会计理论理所当然应该服务于资金的提供者(企业的股东和债权人)、金融市场的监管者(政府及其有关部门)以及一些金融中介机构(如证券分析师)等，为他们提供对作出正确决策有用的信息。

管理会计的英文名称是"management accounting"或"managerial accounting"，从字面上理解是服务于企业管理或企业管理部门的会计，并为他们提供对作出正确决策有用的信息。

美国注册管理会计师(Certified Management Accountant，CMA)资格考试是美国管理会计师协会所建立的专业认证制度，是目前全球针对管理会计及财务管理领域的权威认证。CMA认证考试的内容所包含的知识范围体现了管理会计人员和财务管理人员在现今商业环境中所需要的能力。取得CMA资格不仅代表其具备完整会计与财务相关领域知识，也说明其已具备高度专业标准与能力来分析企业内部财务报表，协助管理当局掌握经济状况，制定未来财务策略，并参与实际执行。

美国管理会计师协会(IMA)认证处宣布，中文版注册管理会计师认证(CMA)考试于2007年7月2日正式启动。它标志着这一考试在全球范围内第一次提供非英语的版本。

IMA认证处副总监Dennis Whitney表示："在中国经济快速增长的背景下，公司和个人都对在决策支持、计划和控制方面专业的知识技能有很迫切的需求。因此，随着中国经济结构和劳动力结构的转变，IMA认证处决定提供中文版本的CMA认证考试，以满足中国对具有较高实践能力的管理会计师持续增长的需求。CMA认证在管理会计领域得到了全球认可，并适合用于各行各业。"

影响现代管理会计发展的四大趋势为：① 全球竞争不断加剧；② 发达地区加快工业经济向服务经济发展；③ 技术的进步；④ 企业经营流程、业务流程和管理流程的变革。当代经济环境要求管理会计产生不少新观念。

1. 作业管理

作业管理(activity-based management)是一种管理层更加关注作业和管理目标，为提高客户价值并通过提高顾客满意度从而实现利润的全系统化的、整体性的管理方式。作业管理重视的是作业成本法(ABC)和流程价值分析。作业成本法首先把成本追溯到各个作业库，然后再追溯到消耗作业的产品或客户，从而提高成本分配的精确性。流程价值分析重视作业分析，试图确定为什么会发生某些作业，这些作业的执行情况如何。分析的目的是寻求更有效地执行必要的作业，并消除那些不能创造客户价值的作业方式。

2. 战略成本管理

战略成本管理(strategic cost management)以顾客取向为目的，运用成本数据来制定和识别能够带来持续的竞争优势的战略。通常，企业的战略地位的选择总是与以下两个战略目标中的某一个相符：① 成本领先战略；② 差异化战略。成本领先战略的目标是以比竞争对手更低的成本向客户提供相同或更好的价值。低成本战略的目标是以减少客户利益损失来增加客户价值。而差异化战略则是通过增加客户利得来增加客户价值，向客户提供其他竞争对手没有提供的产品或服务能为企业创造竞争优势。当然，要使差异化战略行之有效，企业必须是顾客通过差异化获得的价值增值超过企业提供差异化的成本。通常，不同的战略需要不同的成本信息，这意味着企业采取的战略不同则其采用的管理会计系统也相应有所不同。

3. 价值链管理

企业价值链（value chain）是由一组作业构成的，这些作业包括设计、开发、生产、推销和客户交付产品与服务。对客户价值的重视意味着，管理会计应该既提供客户利得的信息也提供客户利益损失的信息。采集关于客户利得或损失的信息意味着要采集企业外部信息。成功实施成本领先战略和差异化战略都要求了解企业价值链和产业价值链（从原材料到最终消费者对最终产品处理的一系列相互关联的价值创造作业）。对价值链的有效管理是提高客户价值的基础，当企业的目标是以（对企业来讲）尽可能低的成本使客户利得最大化的时候尤其如此。因此对客户价值的重视迫使管理者确定价值链中哪些作业对客户是重要的。管理会计系统必须跟踪价值链内与大量不同作业相关的信息，如在交货环节，及时交付产品或服务是整体产品的重要构成部分，因而对客户也是有价值的，提高交付产品或服务的速度或是提高响应客户要求的速度能够提高客户的价值。

4. 全面质量管理

全面质量管理（total quality management）是基于制造商要努力创造一种能使工人生产优质产品，而次品率为零的工作环境的理念，这种理念已经取代了过去的"可接受的质量"观。全面重视质量的思想大大催生了对管理会计系统的需求。这种系统要能够提供关于产品质量的财务信息和非财务信息。不断改进是使生产处于最佳状态的重要保障。在产品制造中尽量不出现浪费，同时生产出符合规格的产品是现代企业的两大目标，是在全球竞争中得以生存的关键。服务性行业也致力于改进质量（服务质量）。由于员工提供的服务质量因人而异，所以服务性企业存在较为特殊的问题。因此，服务型企业特别重视通过开发能够管理员工工作的系统来规范服务的质量。

5. 电子商务

电子商务（electronic business/e-business）是使用信息和通信技术进行的任何商务交易或信息交流。人们预期电子商务，特别是 B2B（企业对企业的电子商务）将在未来几年间取得很大的发展。电子商务为企业提供了将产品销往世界各地的机会，可以大幅度地降低传统纸质交易方式的成本,一些公司通过电子商务节约了近70%的成本。电子商务还可以使得价值(供应)链管理更加方便。管理会计人员必须明白电子商务带来的机遇和好处是与其风险并存的。这些人员在提供有关电子商务的相关成本信息方面也发挥着举足轻重的作用。电子商务交易的会计不同于传统会计,因为这种交易没有会计人员用于确保数据和报告准确的纸制凭证,管理者可能需要了解每笔电子交易的成本与每笔传统交易的成本的比值。

另外,管理会计人员应注意到技术的发展对管理会计系统的直接影响是企业资源计划(enterprise resource planning,ERP)系统的使用,它把用于支撑企业所有功能领域的信息都整合起来了,而管理会计系统是 ERP 系统的一个组成部分。还应注意到可扩展商业报告语言(eXtensible business reporting language,XBRL)的发展,帮助了财务信息的电子交流。这种语言使公司之间的信息对比更加简单,从而对公司的内部报告和外部报告都产生了极大的影响。

6. 跨职能观

管理价值链意味着管理会计人员必须了解从生产制造、市场营销、分销到客户服务等一系列的业务职能。尤其当公司从事国际贸易时,这种要求更加明显。我们从产品成本定义的不断变化就能看出这种需求。作业管理把传统的产品制造成本的定义进行了扩大,包括了更多的方面。这些产品成本可能包括最初的设计成本、工程成本、制造成本、分销成本、销售成本和服务成本。员工如果熟悉产品成本定义的变化情况,知道这些定义已经从立足于短期成本转向着眼于长期成本,则对于他在决策中判断哪些信息属于相关信息是十分有价值的。例如,战略决策可能要求把产品成本定义为价值链上所有作业的成本之和,而关于是否接受某个特殊订单的短期决策则可能要求把产品成本仅仅定义为边际成本或增量成本。

把管理会计与市场营销、管理、工程、财务和其他一些职能相联系,是由于当企业采用价值链法并注重客户价值时,就会发现这些领域是相互联系、相互贯通的;某一决策影响一个方面,同时也会影响其他方面。例如,很多制造型企业常常采取"批发负载"(trade loading)的经营方式,这种做法鼓励(通常是提供较大的折扣)批发商和零售商多买它们的商品,而它们却不能将这些商品及时转售。结果,存货大量增加,批发商和零售商在以后的一段时间内就会停止进货。这看似一个市场问题,但并非如此,至少不完全是市场问题。当销售停止时,生产也会随之停止。因此,批发负载的企业在生产上具有很大的摇摆性。有时,工厂昼夜不停地生产以满足客户对大幅度打折产品的需求;其他时间,工厂的生产力闲置,工人下岗。实际上,这样销售的结果是使企业额外付出很大的生产成本。一种职能的管理观是看到更宏观的情况,这种纵观全局的更宽广的视野能使管理者提高产品质量,减少客户(包括内部客户和外部客户)服务所需的时间,并能提高效率。

阅 读 文 献

[1] 唐·汉森,玛丽安娜·莫温.管理会计[M].北京:北京大学出版社,2010.
[2] 吴大军.管理会计[M].大连:东北财经大学出版社,2010.
[3] 孟焰.管理会计理论框架研究[M].大连:东北财经大学出版社,2007.

三、复习题

(一) 思考题

1. 简述管理会计信息系统的运作模式。

2. 管理会计信息系统的目标主要有哪些?

3. 管理会计和财务会计较为重要的差异有哪些?

4. 简要描述管理会计发展的两个基本阶段。

5. 简述现代管理会计的新观念。

6. 什么是战略成本管理? 其目标有哪些?

7. 内部价值链是由一组作业所构成的,它主要包括哪些作业?

8. 采用跨职能管理观的主要意图是什么?

9. 现代管理会计有哪些新方法?

10. 管理会计在不同行业中扮演不同角色的原因是什么?

(二) 判断题

1. 预测决策会计处于现代管理会计的核心地位,是现代管理会计形成的关键标志。　　　　　　　　　　　　　　　　　　　　　( )

2. 管理会计信息系统提供的信息局限于制造型企业使用,服务型组织和非营利组织不需使用。　　　　　　　　　　　　　　　　　( )

3. 管理会计的集成度高于财务会计,即从更加集成的角度,着眼于评价整个企业的综合业绩。　　　　　　　　　　　　　　　　　( )

4. 现代管理会计的新内容是对传统管理会计的否定。　　　　( )

5. 现代管理会计的对象与财务会计的对象是相同的,都是再生产过程中的资金运动。　　　　　　　　　　　　　　　　　　　　( )

6. 现代管理会计必须遵守会计法规和统一的会计制度。　　　( )

7. 现代管理会计提供的信息比财务会计信息具有更大的主观性。　( )

8. 现代管理会计和财务会计主要都是为企业内部各级管理者强化经营管理服务。　　　　　　　　　　　　　　　　　　　　　　( )

9. 现代管理会计和财务会计都是会计信息处理系统。　　　　( )

10. 现代管理会计着重反映过去,进行事后反映。　　　　　( )

11. 现代管理会计必须执行固定的会计循环程序,具有一定的强制性和程序性。

( )

12. 管理会计信息系统应提供时间与成本相关性的信息。 ( )

(三) 单项选择题

1. 现代管理会计形成的关键标志是( )。

A. 标准性管理会计的产生 B. 决策性管理会计的产生

C. 电子计算机的应用 D. 现代管理科学的应用

2. 传统管理会计体系中没有得到应有反映的是( )。

A. 标准成本 B. 预算控制 C. 差异分析 D. 客户取向

3. 管理会计的目标信息用户主要是( )。

A. 投资人 B. 债权人

C. 企业内部使用者 D. 企业外部信息用户

4. 传统管理会计形成的基础是( )。

A. 泰罗"科学管理"学说 B. 现代管理科学

C. 市场营销学 D. 管理系统工程

5. 现代管理会计形成的基础是( )。

A. 泰罗"科学管理"学说 B. 现代管理科学

C. 市场营销学 D. 管理系统工程

6. 现代管理会计形成于( )。

A. 20 世纪初 B. 20 世纪 30 年代以后

C. 20 世纪 50 年代以后 D. 20 世纪 80 年代以后

7. 下列体现现代管理会计与财务会计联系的是( )。

A. 信息来源相同 B. 约束依据相同

C. 核算程序相同 D. 服务对象相同

8. 不属于管理会计信息系统的目标的是( )。

A. 为管理层提供相关成本信息

B. 为计划、控制、评估、风险管理和持续改进提供信息和服务

C. 为对外财务报告提供信息

D. 为决策提供信息和服务

9. 现代管理会计是管理信息系统的一个子系统,是( )的重要组成部分。

A. 企业决策系统 B. 企业决策支持系统

C. 企业决策执行系统 D. 企业决策支持、执行系统

10. 现代管理会计又称( )。

A. 预算控制会计 B. 标准成本会计

C. 对内报告会计　　　　　　　　　D. 对外报告会计

(四) 多项选择题

1. 传统管理会计的主要内容有(　　)。

　　A. 标准成本　　B. 预算控制　　C. 差异分析　　D. 作业成本

　　E. 边际成本

2. 在现代管理会计中应用较多的有(　　)。

　　A. 运筹学　　　B. 组织行为学　　C. 市场营销学　　D. 金融学

　　E. 证券投资学

3. 下列属于现代管理会计的新观念内容有(　　)。

　　A. 作业管理　　B. 客户取向　　C. 跨职能观　　D. 全面质量管理

　　E. 作为竞争要素的时间

4. 现代管理会计的基本内容包括(　　)。

　　A. 预测经营前景　　　　　　　　B. 参与经营决策

　　C. 规划经营目标　　　　　　　　D. 控制经营过程

　　E. 考评经营业绩

5. 现代管理会计的基本职能包括(　　)。

　　A. 预测分析　　B. 决策分析　　C. 编制预算　　D. 成本控制

　　E. 责任考评

6. 现代管理会计与财务会计的不同主要包括(　　)。

　　A. 目标信息用户　　　　　　　　B. 对输入和处理的限制

　　C. 信息的类型　　　　　　　　　D. 时间取向

　　E. 集成度和学科外延

7. 加工处理是管理会计信息系统的核心,加工处理过程表现为一系列活动,包括(　　)。

　　A. 信息收集　　B. 信息计量　　C. 信息存储　　D. 信息分析

　　E. 信息报告和管理

8. 管理会计信息系统的输出报告包括(　　)。

　　A. 特别报告　　B. 产品成本　　C. 客户成本　　D. 预算

　　E. 业绩报告和人际沟通

9. 现代管理会计系统都必须能够提供有关质量的运作信息和财务信息,包括(　　)。

　　A. 质量成本报告　　　　　　　　B. 质量成本趋势报告

　　C. 质量成本业绩报告　　　　　　D. 次品率

　　E. 次品数量

10. 影响现代管理会计发展趋势的主要原因有（　　）。

A. 会计准则的使用

B. 全球竞争不断加剧

C. 发达地区加快工业经济向服务经济发展

D. 技术的进步

E. 企业流程的变革

四、复习题参考答案

(一) 思考题

（略）

(二) 判断题

1.（√）　2.（×）　3.（×）　4.（×）　5.（√）　6.（×）　7.（√）　8.（×）

9.（√）　10.（×）　11.（×）　12.（√）

(三) 单项选择题

1.（B）　2.（D）　3.（C）　4.（A）　5.（B）　6.（C）　7.（A）　8.（C）

9.（B）　10.（C）

(四) 多项选择题

1.（ABC）　2.（AB）　3.（ABCDE）　4.（ABCDE）　5.（ABCDE）

6.（ABCDE）　7.（ABCDE）　8.（ABCDE）　9.（ABCDE）　10.（BCDE）

第二章 成本性态分析与变动成本法

一、内容的概要解析

(一)成本的概念与分类

在传统的会计中,成本是指在一定条件下企业为生产一定种类和数量的产品所发生的各种耗费的货币表现。在现代管理会计中,成本是指在生产经营过程中为达到一定目的而应当或可能发生的各种资源的价值牺牲或代价。管理会计扩展了成本的内涵和外延,管理会计的成本概念具有多样性。

根据各种管理职能的不同,可以将成本按照多种不同的标志进行分类,以满足企业管理的不同需要。

在制造企业中,成本按其经济用途可分为生产成本和非生产成本。生产成本通常包括直接材料、直接人工、制造费用三个成本要素。非生产成本包括销售费用和管理费用。

按成本性态可以将企业的全部成本分为三类:变动成本、固定成本和混合成本。成本性态(cost behavior)亦称成本习性,是指成本总额的变动与业务量之间的依存性。

成本除按其经济用途和性态进行分类外,还可按其他多种不同标志进行分类。按成本的发生时间,成本可分为历史成本与未来成本。按成本的可控性,成本可分为可控成本与不可控成本。按成本与决策的关系,成本可分为相关成本与非相关成本。

(二)成本性态分析

成本性态分析是指在成本性态分类的基础上,按照一定程序和方法将全部成本分为变动成本和固定成本两部分,并建立相应的"成本-业务量"的函数模型的过程。

1. 变动成本

变动成本是指在相关范围内,其总额随业务量的变动而呈正比例变动的成本。

变动成本具有以下两个特征:① 变动成本总额的正比例变动性;② 单位变动成本的不变性。单位成本的不变性是相对的,即只有在一定时期和一定的业务量范围内相对保持稳定。而变动成本,只有其单位变动成本不变,其总额才能与业务量呈正比例变动关系。

变动成本总额的成本习性模型可以表示为:

$$y = bx$$

式中　y 表示总成本;

　　　b 表示单位变动成本;

　　　x 表示业务量。

2. 固定成本

固定成本是指其总额在一定时期及一定业务量范围内,不受业务量变动影响的固定不变的成本。

固定成本具有以下两个特征:① 固定成本总额的不变性;② 单位固定成本的反方向变动性。固定成本总额的不变性是相对的,固定成本总额相对一定时期和一定业务量而言保持不变,如超出这个范围固定成本将会发生变化。

单位固定成本的成本习性模型可以表示为:

$$y = \frac{a}{x}$$

式中　y 表示单位固定成本;

　　　x 表示业务量;

　　　a 表示固定成本总额。

3. 混合成本

混合成本是指同时兼有变动成本和固定成本双重特性的成本。混合成本与业务量关系比较复杂,按其形态不同,混合成本还可进一步分为四种:半变动成本、半固定成本、延期变动成本、曲线式混合成本。

(三)混合成本的分解

混合成本由变动成本和固定成本组成,其性质与总成本的性质相似。为满足管理需要,企业要采用适合的方法,将其中的变动因素与固定因素分解开来,并归入变动成本和固定成本。混合成本分解主要有高低点法、散布图法、回归直线法、工程研究法、账户分析法和合同确认法。

1. 高低点法

高低点法(high-low points method)是根据若干时期的历史资料,以业务量(或成本)的最高点和最低点为依据来分解混合成本的一种方法。其计算公式如下:

$$b = \frac{y_h - y_l}{x_h - x_l}$$

$$a = y_h - b \cdot x_h$$

或

$$a = y_l - b \cdot x_l$$

式中　b 表示单位变动成本；

　　　a 表示固定成本总额；

　　　y 表示总成本；

　　　x 表示业务量；

　　　h 表示高点；

　　　l 表示低点。

高低点法运用简便，但它仅以高低两点决定成本性态，带有一定偶然性。所以这种方法通常适用于成本变动较稳定的情况。

2. 散布图法

散布图法（scatter diagram method）是将观察到的历史成本数据，在坐标图上绘出各期成本点，并根据目测，在各成本点之间画出一条反映成本变动趋势的直线。固定成本即为直线与纵轴的交点，单位变动成本即为各期总成本之和减去各期固定成本之和，再除以总产量。

散布图法全面考虑了已知的所有历史成本数据，排除了仅以两点决定成本性态所带来的偶然性。同时，以图示反映成本性态更为直观和易于掌握。但带有一定程度的主观随意性，所以还不能十分精确。

3. 回归直线法

回归直线法（regression line method）是根据过去一定时期的业务量和成本资料，运用数学中的最小二乘原理，建立反映成本和业务量之间关系的回归方程，并据此确定混合成本中的固定成本总额（a）和单位变动成本（b）。其计算公式如下：

$$a = \frac{\sum y - b \sum x}{n}$$

$$b = \frac{n \sum xy - \sum x \sum y}{n \sum x^2 - \left(\sum x \right)^2}$$

式中　b 表示单位变动成本；

　　　a 表示固定成本总额；

　　　y 表示总成本；

　　　x 表示业务量；

　　　n 表示样本容量。

这里必须指出,采用回归直线法分解混合成本,混合成本总额与产量之间必须具有线性联系。因此,应先进行相关程度分析,并根据相关程度的分析结果来确定这种方法的适用性。相关程度用相关系数 r 来表示。r 的计算公式如下:

$$r = \frac{n\sum xy - \sum x \sum y}{\sqrt{\left[n\sum x^2 - \left(\sum x\right)^2\right]\left[n\sum y^2 - \left(\sum y\right)^2\right]}}$$

在管理会计中,一般当 $r \geqslant 0.8$,就表明成本总额与业务量之间有密切联系。

4. 工程研究法

工程研究法(technique determine approach)又称技术测定法,它是由工程技术人员通过某种技术方法测定正常生产流程中投入与产出之间的规律性,并依据其工程特点来区分固定成本和变动成本的一种混合成本分解方法。

5. 账户分析法

账户分析法(account analysis approach)又称会计分析法,是以会计人员的经验和主要成本性态划分成本的一种定性分析办法。

6. 合同确认法

合同确认法(contract confirm approach)是根据所签订合同规定的计价方法与合同提供的业务量的关系分析成本的一种定量分析方法。

(四)变动成本法

1. 变动成本法概述

变动成本法是指在组织常规的成本计算过程中,以成本性态分析为前提条件,只将变动生产成本作为产品成本的构成内容,而将固定生产成本作为期间费用,并按贡献式损益确定程序计算损益的一种成本计算模式。在变动成本法下,按照成本性态,将企业成本划分为变动成本和固定成本两大部分。产品成本包括直接材料、直接人工和变动制造成本等变动成本,将固定制造费用、固定销售费用、固定管理费用等直接在当期损益中扣除,不计入产品成本。

成本变动法具有以下优点:① 采用变动成本法有利于企业掌握每种产品的盈利能力信息;② 变动成本法可为制定经营决策以及进行成本的计划和控制,提供有价值的资料;③ 变动成本法便于和标准成本、弹性预算和责任会计等直接结合,有利于正确评价各部门的工作成绩,也在计划和日常控制的各个环节发挥重要作用。

2. 比较变动成本法与完全成本法

(1)产品成本及期间成本构成内容的比较。这两种方法在产品成本及期间成本的构成内容上的区别如表 2-1 所示。

表 2 - 1　产品成本及期间成本的构成内容

成 本 划 分	完 全 成 本 法	变 动 成 本 法
产品成本	直接材料 直接人工 制造费用	直接材料 直接人工 变动制造费用
期间成本	管理费用 销售费用	固定制造费用 管理费用(变动与固定) 销售费用(变动与固定)

（2）销售成本及存货成本水平的比较。在变动成本法下，固定制造费用作为期间成本直接计入当期利润表，所以本期销售成本、期末存货成本都不包括固定制造费用，两者均按固定成本计价。

在完全成本法下，固定制造费用计入产品成本，这样已销产品与期末存货均"吸收"了一部分固定制造费用，即销售成本和期末存货成本均按完全成本计价。

（3）损益确定程序的比较。完全成本法的损益确定程序，首先用营业收入补偿本期销售产品的销售成本，确定销售毛利，然后用销售毛利补偿期间费用确定当期营业利润。其计算过程如下：

首先，计算销售毛利：

销售毛利 = 销售收入 - 销售成本

销售成本 = 期初存货成本 + 本期发生的生产成本 - 期末存货成本

其次，计算营业利润：

营业利润 = 销售毛利 - 销售费用和管理费用

变动成本法的损益确定程序，首先用营业收入补偿本期变动成本总额，确定边际贡献，然后用边际贡献补偿固定成本总额确定当期营业利润。

首先，计算边际贡献：

边际贡献 = 销售收入 - 变动成本总额

其中，变动成本总额包括销售产品的变动生产成本、变动销售费用和变动管理费用。

其次，计算营业利润：

营业利润 = 边际贡献 - 固定成本总额

其中，固定成本总额包括当期固定制造费用、固定销售费用和固定管理费用。

（4）分期损益的比较。分期损益是某一特定的会计期间的营业利润。由于变动成本法与完全成本法对固定制造费用的处理不同，因此，它们计算出来的损益有可能不同。

二、背景资料

完全成本法和变动成本法,都有各自的优缺点、适用性和局限性,从一定意义上来说,两种方法可以互补。完全成本法有利于财务会计按会计准则对资产计价和利润计量,但是无法提供内部管理者所需要的各种信息,不利于企业决策。变动成本法能提供企业内部管理所需要的各种信息,但是无法满足企业外部投资者和债权人决策的需求,无法满足政府监管部门对相关信息的要求。因此,企业需要将变动成本法和完全成本法相互补充,取长补短。

那应该怎样将两种方法结合起来才合理呢? 由于变动成本法的成本信息可以满足企业大量、经常性的内部经营管理方面的需要,而完全成本法更适合于企业编制对外报告使用,编制对外财务报告只是企业一项非经常性工作(只在会计期末才编制)。所以,应以变动成本法为基础,对其提供的数据进行调整以满足对外报告的需要。

建立以变动成本法为基础的统一成本计算体系,通常的做法如下:

(1)日常核算以变动成本法为基础。"在产品(生产成本)"、"产成品(存货商品)"账户登记日常发生的变动生产成本。"制造费用"账户分为"变动制造费用"、"固定制造费用"两个账户。

(2)将本期发生的变动制造费用计入"变动制造费用"账户中,期末该账户发生额转入"在产品(生产成本)"账户中。期末时,"在产品"或"产成品"账户共归集了直接材料、直接人工和变动制造费用三种变动成本。

(3)将本期发生的固定制造费用计入"固定制造费用"账户借方。期末将应由已销产品负担的部分从"固定制造费用"账户的贷方转入"主营业务成本"账户的借方,计入当期损益;"固定制造费用"账户的期末余额属于本期在产品和产成品所应负担的固定制造费用,即这部分固定制造费用计入了企业存货成本,列示在期末资产负债表上。

这样,使资产负债表上的在产品、产成品存货成本以及利润表上的主营业务成本都按完全成本法来列示,符合财务会计准则的要求,同时又能够满足企业管理当局管理企业的需要。

阅 读 文 献

[1] 潘飞.管理会计[M].2版.上海:上海财经大学出版社,2009.

[2] 吴大军.管理会计习题与案例[M].2版.大连:东北财经大学出版社,2010.

[3] 徐蕴华.管理会计学习指导书[M].上海:立信会计出版社,2012.

[4] 林涛.《管理会计》学习指导与练习[M].厦门:厦门大学出版社,2005.

三、复习题

(一) 思考题

1. 管理会计中的成本按照企业管理的要求可以分为哪些不同的类型? 分类的意义是什么?

2. 什么是固定成本和变动成本的相关范围? 试分别举例说明。

3. 成本性态分析的方法有哪些? 这些方法有哪些优缺点? 它们的适用范围是什么?

4. 变动成本法为什么要把固定制造费用计入期间费用?

5. 变动成本法与完全成本法各自的优缺点是什么?

(二) 判断题

1. 成本习性模型 $y = a + bx$ 中的 a,就是指单位变动成本。　　　　(　　)

2. 无论哪一种混合成本,实质上都可以区分为固定部分和变动部分。　(　　)

3. 相关系数 r 的大小对能否采用回归直线法具有重大的影响。　　(　　)

4. 成本性态分析的最终目的是要把全部成本区分为固定成本、变动成本和混合成本三大类。　　　　　　　　　　　　　　　　　　　　　　　　(　　)

5. 无论在什么情况下,都必须进行混合成本分解。　　　　　　　　(　　)

6. 混合成本的基本特征是,其发生额虽受业务量变动的影响,但其变动的幅度随业务量的变动而保持严格的比例关系。　　　　　　　　　　　　　(　　)

7. 单位固定成本不随业务量的变化而发生变化,具有不变性。　　　(　　)

8. 在确定企业成本时,完全成本法要考虑所有的成本,而变动成本法只考虑变动成本。　　　　　　　　　　　　　　　　　　　　　　　　　　(　　)

9. 当存货量不为零时,按变动成本法确定的存货成本必然小于完全成本法下的存货成本。　　　　　　　　　　　　　　　　　　　　　　　　　(　　)

10. 无论哪种成本计算法,对非生产成本都作为期间成本处理,必须在发生的当期全额计入利润表;所不同的是计入利润表的位置或补偿的顺序上有差别。(　　)

11. 导致两种方法分期营业利润出现差额的根本原因,就在于变动成本法和完全成本法对固定制造费用的处理采取了不同的方式。　　　　　　　(　　)

12. 只要有固定生产成本存在,按完全成本法计算的销货成本及存货成本就一定大于按变动成本法计算的销货成本及存货成本。　　　　　　　　(　　)

(三) 单项选择题

1. 成本按其形态分,可以分为(　　　)。

    A. 生产成本与非生产成本　　　B. 变动成本、固定成本与混合成本

    C. 历史成本与未来成本　　　　D. 可控成本与不可控成本

2. 关于变动成本,下列说法中,正确的是(　　　)。

A. 变动成本的总额永远随着业务量的变动而变动

　　B. 生产线上的生产工人工资属于酌量性变动成本

　　C. 单位变动成本在相关范围内,具有不变性

　　D. 变动成本总额的成本习性模型可以用 $y = a + bx$ 来表示

3. 关于成本函数 $y = a + bx$。下列各项说法中,正确的是(　　)。

　　A. x 表示业务量　　　　　　　　B. a 表示单位固定成本

　　C. bx 表示单位变动成本　　　　D. y 表示单位产品成本

4. 在历史资料分析法的具体应用方法中,计算结果最为精确的方法是(　　)。

　　A. 高低点法　　B. 散布图法　　C. 回归直线法　　D. 合同确认法

5. 阶梯式混合成本又可称为(　　)。

　　A. 半固定成本　　　　　　　　　　B. 半变动成本

　　C. 延期变动成本　　　　　　　　　D. 曲线式成本

6. 相关系数为+1时,说明混合成本总额与业务量之间(　　)。

　　A. 完全负相关　　B. 不相关　　C. 基本正相关　　D. 完全正相关

7. 某企业连续3年按变动成本法计算的营业利润分别是45 000元、50 000元和48 000元。则下列表述中,唯一正确的是(　　)。

　　A. 第三年的销量最小　　　　　　B. 第二年的销量最大

　　C. 第一年的产量比第二年少　　　D. 第二年的产量比第一年多

8. 变动成本法下,产品成本中一定不包括的项目是(　　)。

　　A. 生产工人工资　　　　　　　　　B. 生产领用的原材料

　　C. 按机器工时计提的设备折旧费　　D. 车间管理人员的工资

9. 下列各项中,在完全成本法下计入产品成本,而在变动成本法下不计入产品成本的是(　　)。

　　A. 生产领用的原材料　　　　　　B. 按机器工时计提的设备折旧费

　　C. 车间厂房折旧费　　　　　　　　D. 与销售量成正比例变化的销售费用

10. 若某期按变动成本法计算的营业利润为5 000元,该期产量为2 000件,销售量为1 000件,期初存货为0,固定制造费用总额为2 000元,则按完全成本法计算的营业利润为(　　)元。

　　A. 0　　　　　　B. 1 000　　　　　C. 5 000　　　　　D. 6 000

11. 当产品的销售价格、成本水平均不变时,按变动成本法计算的营业利润与当期实现的销售量之间的关系是(　　)。

　　A. 正比例关系　　B. 同方向变动　　C. 反比例关系　　D. 反方向变动

12. 下列各项中,揭示了变动成本法局限性的是(　　)。

　　A. 数据不正确　　　　　　　　　　B. 不符合传统的成本观念

C. 不便于记账   D. 不为管理部门所理解

(四) 多项选择题

1. 下列各项中,属于未来成本的有(   )。

   A. 变动成本   B. 标准成本   C. 混合成本   D. 预算成本

2. 在我国,下列成本项目中,属于固定成本的有(   )。

   A. 用于生产的原材料   B. 广告费

   C. 保险费   D. 按平均年限法计提的折旧费

3. 要运用回归直线法进行成本性态分析,相关系数 r 应满足(   )。

   A. r 等于 $+1$ B. r 等于 0 C. r 趋近于 $+1$ D. r 等于 -1

4. 下列项目中,属于酌量性变动成本的有(   )。

   A. 分散作业的计件工资

   B. 消耗相对稳定的外购零部件成本

   C. 可调换购买单位的外购零部件成本

   D. 管理人员工资

5. 在相关范围内保持不变的有(   )。

   A. 单位固定成本   B. 单位变动成本

   C. 固定成本总额   D. 变动成本总额

6. 降低固定成本的可行途径有(   )。

   A. 通过增加产量相对降低约束性固定成本

   B. 通过增加产量相对降低酌量性固定成本

   C. 通过财务决策绝对降低约束性固定成本

   D. 通过财务决策绝对降低酌量性固定成本

7. 计算边际贡献前扣除的变动成本包括(   )。

   A. 固定制造费用   B. 变动销售费用

   C. 变动管理费用   D. 变动生产成本

8. 在完全成本法下,影响计入当期损益固定制造费用数额的有(   )。

   A. 当期发生的全部固定制造费用   B. 期末存货

   C. 期初存货   D. 营业收入

9. 在完全成本法下,如果单价、单位变动成本和固定成本总额均不变,下列说法中,正确的有(   )。

   A. 销售量增加,营业利润不一定增加

   B. 销售量增加,营业利润必然增加

   C. 销售量减少,营业利润不一定减少

   D. 销售量减少,营业利润必然减少

10. 在变动成本法下,期间成本包括( )。

    A. 固定性制造费用   B. 间接材料费

    C. 管理费用   D. 销售费用

11. 下列项目中,与可能导致完全成本法和变动成本法确定的分期损益出现差异完全无关的因素有( )。

    A. 直接材料   B. 管理费用

    C. 财务费用   D. 销售费用

12. 下列各项中,属于完全成本法缺点的内容有( )。

    A. 无法揭示利润与产量之间的依存关系

    B. 可能歪曲各部门降低成本的业绩

    C. 不利于管理者理解信息

    D. 可能导致盲目生产

(五) 业务题

1. 阳光公司仅生产 A 产品,2012 年,1～6 月份 A 产品的产量和总成本资料如表 2-2 所示。

表 2-2　A 产品资料表

月　份	1	2	3	4	5	6
产量(件)	25	29	28	31	26	27
总成本(元)	71 000	83 520	82 000	84 560	75 850	77 750

要求:

(1) 运用高低点法进行成本性态分析。

(2) 预测月产量在 35 件时阳光公司的总成本。

2. 阳光公司生产的甲产品 1～8 月份的产量及总成本资料如表 2-3 所示。

表 2-3　甲产品资料表

月　份	1	2	3	4	5	6	7	8
产量(件)	18	20	19	16	22	25	28	21
总成本(元)	6 000	6 600	6 500	5 200	7 000	7 900	8 200	6 800

要求:按回归直线法建立成本性态模型。

3. 阳光公司 2012 年有关资料如下:

生产量:10 000 台

销量：8 000 台

每台售价：50 元

直接材料：200 000 元

直接人工：120 000 元

制造费用：80 000 元

   其中 变动制造费用：20 000 元

        固定制造费用：60 000 元

销售和管理费用：20 000 元

   其中 变动销售费用和管理费用：8 000 元

        固定销售费用和管理费用：12 000 元

要求：

(1) 以两种成本计算法计算产品的生产成本总额和单位产品成本。

(2) 以两种成本计算法计算存货总成本和单位存货成本。

(3) 以两种成本计算法计算利润并编制利润表。

(4) 以两种成本计算法计算利润差异并分析利润差异原因。

4. 阳光公司 2012 年度有关资料如下：

期初存货＝0

生产量：5 000 件

销售量：3 000 件

每件直接材料：20 元

每件直接人工：12 元

每件变动制造费用：8 元

固定制造费用总额：100 000 元

每件变动销售和管理费用：2 元

固定销售和管理费用总额：50 000 元

每件售价：100 元

要求：采用两种不同方法计算营业利润，并分析不同的原因。

5. 阳光公司生产一种产品，期初存货为 4 000 件，产品全部生产成本总额为 25 200 元。本期生产 10 000 件，直接材料为 16 000 元，直接人工为 15 000 元，变动制造费用为 5 000 元，固定制造费用为 20 000 元，本期销售 12 000 件，变动销售和管理费用为 4 800 元，固定销售和管理费用为 10 000 元，假定该产品售价为 10 元，存货计价采用先进先出法。

要求：

(1) 计算产品的单位变动成本。

（2）用变动成本法计算营业利润。

（3）将变动成本法计算出的利润调整为完全成本法下的利润。

6. 阳光公司按变动成本法核算的 2012 年 1 月产品成本资料如下：单位产品成本 50 元，本期固定制造费用 30 000 元，期初存货数量 500 件，本期完工产品 6 000 件，本期销售产品 5 500 件，销售价格 100 元/件，固定销售和管理费用 45 000 元，已知上期产品单位固定成本为 5 元。该公司存货计价采用先进先出法。

要求：

（1）计算完全成本法下的期末存货成本。

（2）计算完全成本法下的本期营业利润。

（六）案例分析题

阳光公司专门生产 A 产品，原设计生产能力为每年 1 000 台，但由于市场竞争激烈，过去两年，每年只能生产和销售 500 台。市场销售价为每台 2 500 元，而该公司的单位产品成本为 2 600 元，其详细资料如下：

单位变动生产成本　　　　　　　　1 000 元
固定制造费用　　　　　　　　　800 000 元
固定销售和管理费用　　　　　　250 000 元

阳光公司已连续两年亏损，去年亏损 300 000 元；若今年不能扭亏为盈，公司势必要停产，形势严峻。

销售部门经理认为，问题的关键在于每台产品的制造成本太高，为 2 600 元，但由于竞争的关系，公司不能提高售价，只能按 2 500 元价格每年销售 500 台。因此公司的出路只能是请生产部门的工程技术人员想方设法，改进工艺，减少消耗，降低制造成本。

生产部门经理提出，问题的关键在于设计生产能力只用了一半，如能充分利用生产能力，就可把单位固定成本降低，单位产品成本自然会下降。对策是要推销人员千方百计地去搞促销活动，如能每年售出 1 000 台，就一定能扭亏为盈。

总会计师则认为，公司目前编制利润表的方法——完全成本法，为公司提供了一条扭亏为盈的"捷径"：即充分利用公司自身的生产能力，一年生产 1 000 台 A 产品。虽然市场上只能销售一半，但公司却可将固定成本的半数转入存货成本；这样即使不增加销售数量，也能使利润表扭亏为盈。

要求：

（1）根据上述资料，按变动成本法编制该公司上年的利润表。

（2）根据总会计师的建议，按完全成本法计算该公司的税前净利是多少，并对该建议作出评价。

（3）生产部门经理和销售部门经理的意见是否正确？请作出评价。

四、复习题参考答案

（一）思考题

（略）

（二）判断题

1.（×）　2.（√）　3.（√）　4.（×）　5.（×）　6.（√）　7.（×）　8.（×）

9.（√）　10.（√）　11.（√）　12.（×）

（三）单项选择题

1.（B）　2.（C）　3.（A）　4.（C）　5.（A）　6.（D）　7.（B）　8.（D）

9.（C）　10.（D）　11.（B）　12.（B）

（四）多项选择题

1.（BD）　2.（BCD）　3.（AC）　4.（ABC）　5.（BC）　6.（AD）

7.（BCD）　8.（BC）　9.（AD）　10.（ACD）　11.（ABCD）　12.（ABCD）

（五）业务题

1. 解：（1）根据题意，选择的高低点坐标分别为（31，84 560）与（25，71 000）

$\therefore b = 2\,260$（元/件）

$a = 14\,500$（元）

$\therefore$ A 产品的成本性态模型为 $y = 14\,500 + 2\,260x$

（2）根据上述成本性态模型，可以求出月产量为 35 件时，总成本 $y = 14\,500 + 35 \times 2\,260 = 93\,600$（元）

2. 解：根据资料，列表计算如表 2-4 所示。

表 2-4　计　算　表

月　份	产量（x）	总成本（y）	xy	x^2
1	18	6 000	108 000	324
2	20	6 600	132 000	400
3	19	6 500	123 500	361
4	16	5 200	83 200	256
5	22	7 000	154 000	484
6	25	7 900	197 500	625
7	28	8 200	229 600	784
8	21	6 800	142 800	441
合　计	169	54 200	1 170 600	3 675

$$\therefore b = \frac{n \sum xy - \sum x \sum y}{n \sum x^2 - \left(\sum x\right)^2} \approx 244.34$$

$$a = \frac{\sum y - b \sum x}{n} \approx 1\,613.32$$

则成本性态模型为：$y = 1\,613.32 + 244.34x$

3. 解：(1) 变动成本法：

    产品生产成本 $= 200\,000 + 120\,000 + 20\,000 = 340\,000(元)$

    单位产品成本 $= 340\,000 \div 10\,000 = 34(元)$

完全成本法：

    产品生产成本 $= 200\,000 + 120\,000 + 20\,000 + 60\,000 = 400\,000(元)$

    单位产品成本 $= 400\,000 \div 10\,000 = 40(元)$

(2) 变动成本法：

    单位存货成本 $= 34(元)$

    存货成本 $= 2\,000 \times 34 = 68\,000(元)$

完全成本法：

    单位存货成本 $= 40(元)$

    存货成本 $= 2\,000 \times 40 = 80\,000(元)$

(3) 变动成本法：

    边际贡献 $= 50 \times 8\,000 - (34 \times 8\,000 + 8\,000) = 120\,000(元)$

    利润 $= 120\,000 - (60\,000 + 12\,000) = 48\,000(元)$

完全成本法：

    销售毛利 $= 50 \times 8\,000 - (0 + 400\,000 - 80\,000) = 80\,000(元)$

    利润 $= 80\,000 - 20\,000 = 60\,000(元)$

(4) 两种成本法的利润差异 $= 60\,000 - 48\,000 = 12\,000(元)$

原因分析：完全成本法下固定制造费用计入销售成本 48 000 元（60 000－2 000×6），比变动成本法下固定制造费用计入期间成本 60 000 元少 12 000 元，因而利润多 12 000 元。

4. 解：采用两种不同方法计算的营业利润如表 2-5 所示。

表 2-5　营业利润表

变动成本法	金额（元）	完全成本法	金额（元）
营业收入	300 000	营业收入	300 000
变动成本	126 000	销售成本	180 000
边际贡献	174 000	营业毛利	120 000
固定成本	150 000	销售和管理费用	56 000
营业利润	24 000	营业利润	64 000

完全变动成本法营业利润 — 变动成本法营业利润 = 64 000 — 24 000 = 40 000（元）

两种方法计算的营业利润不同的原因：完全变动法固定制造费用计入销售成本的是 60 000 元，比变动成本法固定制造费用计入固定成本 100 000 元少了 40 000 元，利润多了 40 000 元。

5. 解：（1）单位变动成本 =（16 000 + 15 000 + 5 000）÷

10 000 + 4 800 ÷ 12 000 = 4（元）

（2）变动成本法营业利润 = 12 000 ×（10 — 4）—（20 000 + 10 000）= 42 000（元）

（3）分期损益差异 =（2 000 × 20 000 ÷ 10 000）—

（25 200 — 4 000 × 3.5）= — 6 800（元）

调整计算的完全成本法营业利润 = 42 000 — 6 800 = 35 200（元）

6. 解：（1）完全成本法下单位产品成本 $= 50 + \dfrac{30\ 000}{6\ 000} = 55$（元/件）

期末存货数量 = 500 + 6 000 — 5 500 = 1 000（件）

期末存货成本 = 55 × 1 000 = 55 000（元）

（2）完全成本法下的营业利润 = 5 500 ×（100 — 55）— 45 000 = 202 500（元）

（六）案例分析题

解：（1）按变动成本法为公司编制利润表如表 2-6 所示。

表 2-6　利润表

单位：元

销售收入（500 × 2 500 元）		1 250 000
变动成本（500 × 1 000 元）		500 000
边际贡献		750 000
减：期间成本		
固定制造费用	800 000	
固定销售和管理费用	250 000	1 050 000
税前净利		— 300 000

(2) 根据总会计师的建议:一年生产 1 000 台,销售 500 台,在这种情况下,按完全成本法计算编制公司的利润表如表 2-7 所示。

表 2-7 利 润 表

单位:元

销售收入(500×2 500 元)		1 250 000
销售成本:		
期初存货成本	0	
本期生产成本(1 000×1 800 元)	1 800 000	
可供销售的生产成本	1 800 000	
减:期末存货成本(500×1 800* 元)	900 000	900 000
销售毛利		350 000
减:固定销售和管理费用		250 000
税前净利		100 000

* 按完全成本法计算,每台 A 产品的成本为:

单位变动生产成本　　　　　　　1 000 元

单位固定生产成本　　　　　　　　800 元

单位产品成本　　　　　　　　　1 800 元

根据总会计师的建议,从按完全成本法编制的利润表上看,公司似乎是实现盈利了,但实际上这只是一个假象。因为这个盈利是以期末积压 500 台存货为代价换来的。而市场上的购买能力只有 500 台,今后卖不掉,只能做降价处理,这会给公司带来更大的损失。故这个建议不可取。

(3) 销售部门经理建议生产技术革新工艺,提高质量,减少消耗,不断降低产品成本,这的确是扭亏为盈的根本途径;另外,生产部门建议销售人员应尽量多做促销活动,这也是一种办法,但缺点是短期内不能见效。

第三章 本量利分析

一、内容的概要解析

（一）本量利分析概述

1. 本量利分析的含义

本量利分析是分析成本、业务量、利润三者之间依存关系的一种定量分析方法。它在成本性态分析的基础上，运用数学模型或图形揭示和分析固定成本、变动成本、销售量、销售单价、销售额、利润等变量之间的内在联系和变动规律。

2. 本量利分析的作用

（1）确定预期的目标。

（2）制定产品或劳务的价格。

（3）确定成本结构。

（4）确定产品的最佳销量。

3. 本量利分析的基本假设

（1）成本性态分析和变动成本法假设。

（2）相关范围及线性假设。

（3）产销平衡和品种结构不变假设。

（4）目标利润假设。

4. 本量利分析的基本模型

$$利润 = 销售收入 - 总成本 =$$
$$单价 \times 销售量 - 单位变动成本 \times 销售量 - 固定成本$$

5. 边际贡献及相关指标

（1）边际贡献。

$$单一产品情况下边际贡献 = 销售收入 - 变动成本 =$$
$$单价 \times 销售量 - 单位变动成本 \times 销售量 =$$
$$销售量 \times （单价 - 单位变动成本）$$

$$多种产品情况下的边际贡献 = \sum （各种产品边际贡献） =$$
$$\sum （各种产品销售收入 - 各种产品变动成本）$$

（2）单位边际贡献。

$$单位边际贡献 = 边际贡献 \div 销售量 = 单价 - 单位变动成本$$

（3）边际贡献率。

$$单一产品下的边际贡献率 = （边际贡献 \div 销售收入总额）\times 100\% =$$
$$（单位边际贡献 \div 单价）\times 100\%$$

$$多种产品下的综合边际贡献率 = \sum（各种产品边际贡献）\div$$
$$\sum（各种产品销售收入）\times 100\% =$$
$$\sum（各种产品边际贡献率 \times 该产品的销售比重）\times 100\%$$

边际贡献率可以反映每增加一元销售，能为企业带来的贡献。

（4）变动成本率。

$$变动成本率 = （变动成本总额 \div 销售收入总额）\times 100\% =$$
$$（单位变动成本 \div 销售单价）\times 100\%$$

变动成本率可反映每增加一元销售所增加的变动成本。

$$边际贡献率 + 变动成本率 = 1$$

6. 对本量利分析的评价

本量利分析的结果不是十分精确，只适用于短期的计划和预测，一般只能作为决策的参考依据，不能完全代替管理者的判断和经验，存在的缺陷主要有以下几个方面：

（1）对总成本，尤其是对某些混合成本的划分不够精确，有时带有一定的主观因素。

（2）本量利分析中有关函数的线性假设，与实际有较大的偏离。

（3）影响成本和收入的因素不仅包括产销量，还包括效率、市场供求等其他多种因素。

（4）不管企业的预测和计划做得多么好，要使实际的产量和销量完全平衡是十分困难的，在多品种的情况下，各产品的产量变化也不会总是按固定的比例变化。

（二）保本分析

1. 保本、保本点和保本分析的含义

保本是指企业在一定时期内收支相等，即边际贡献等于固定成本，利润为零。

保本点是指企业达到保本状态时的销售水平。

保本分析主要确定使企业既不亏损又不盈利的保本点。

2. 保本点的表现形式

单一品种的保本点有两种形式：保本销售量和保本销售额。多品种保本点一般用保本销售额表示。

3. 单一品种保本点的确定

（1）公式法。

$$保本销售量 = 固定成本 \div（单价 - 单位变动成本）=$$
$$固定成本 \div 单位边际贡献$$
$$保本销售额 = 单价 \times 保本销售量 =$$
$$固定成本 \div 边际贡献率 =$$
$$固定成本 \div（1 - 变动成本率）$$

（2）图解法。

以作图的方式来反映成本、收入和销量之间关系的，主要有保本图和利量图两种。

4. 多品种保本点的确定

（1）加权平均法。

$$综合保本销售额 = 固定成本总额 \div 综合边际贡献率 \times 100\%$$
$$某产品的保本销售额 = 综合保本销售额 \times 该产品销售比重$$
$$某产品的保本销售量 = 某产品的保本销售额 \div 该产品的单价$$

其中：
$$综合边际贡献率 = 某产品的边际贡献率 \times 该产品销售比重$$

$$该产品的销售比重 = 该产品的预计销售额 \div \sum（各种产品的预计销售额）\times 100\%$$

（2）分算法。在一定条件下，先将固定成本总额按一定标准在各种产品之间进行分配，然后对每一个品种分别计算保本点，最后将各个品种的保本额汇总，计算出多品种综合保本销售额的本量利分析方法。

（3）联合单位法。按多种产品之间相对稳定的产销实物量比例组成一组产品，确定每一联合单位的单价和单位变动成本的本量利分析方法。有关计算公式如下：

$$联合保本销售量 = 固定成本 \div（联合单价 - 联合单位变动成本）$$
$$综合保本销售额 = 联合保本销售量 \times 联合单价$$
$$某产品保本销售量 = 联合保本销售量 \times 该产品销量比$$
$$某产品保本销售额 = 该产品保本销售量 \times 该产品的单价$$

其中：联合单价为一个联合单位的全部收入，联合单位变动成本为一个联合单位的全部变动成本。

（4）综合保本图法。用图解法分析多品种产品的保本点。

（三）保利分析

1. 保利分析的意义

可以确定为了实现目标利润而应该达到的目标销售量和目标销售额，从而以销定产，确定企业经营方向。

1）保利点的含义。保利点是指在单价和成本水平确定的情况下，为了实现一定的目标利润,而应达到的业务量。保利点也有保利量和保利额两种,保利量是实现目标利润应达到的销售量;保利额是实现目标利润应达到的销售额。

2) 保利点的计算。

(1) 单品种保利点的计算。

保利量 = (固定成本 + 目标利润) ÷ (销售单价 − 单位变动成本) =
　　　　(固定成本 + 目标利润) ÷ 单位边际贡献

保利额 = 保利量 × 单价 =
　　　　(固定成本 + 目标利润) × 单价 ÷ 单位边际贡献 =
　　　　(固定成本 + 目标利润) ÷ 边际贡献率

(2) 多品种保利点的计算。只需计算达到目标利润的销售额。

综合保利额 = (固定成本 + 目标利润) ÷ 加权平均边际贡献率

3) 企业经营安全程度评价。

(1) 安全边际。安全边际用来评价同一企业不同时期的经营安全程度,有安全边际量和安全边际额两种形式。

安全边际量 = 实际或预计的销售量 − 保本量
安全边际额 = 实际或预计的销售额 − 保本额 =
　　　　　　单价 × 实际或预计的销售量 − 单价 × 保本量 =
　　　　　　单价 × 安全边际量

安全边际是一个正指标,安全边际越大,表示企业经营的安全程度越高,亏损的可能性就越小;反之,安全边际越小,企业经营的安全程度越低,亏损的可能性就越大。

只有超过保本点以上的销售量或销售额(即在安全边际内的销售量或销售额)才能给企业带来利润,因为这时全部固定成本已被保本点所弥补,所以安全边际所提供的边际贡献就是企业的利润,安全边际越大,利润越大。因此,利润可表现为下列形式:

利润 = 安全边际量 × 单位边际贡献 = 安全边际额 × 边际贡献率

(2) 安全边际率。安全边际率用来评价不同企业的经营安全程度。

安全边际率 = (安全边际量 ÷ 实际或预计的销售量) × 100% =
　　　　　　(安全边际额 ÷ 实际或预计的销售额) × 100%

安全边际率也是一个正指标,它的数值越大,企业的经营越安全。

(3) 保本点作业率。

保本点作业率 = 保本点销售量(销售额) ÷ 实际或预计销售量(销售额) × 100%

保本点作业率是一个逆指标,数值越小,企业的经营越安全;反之,则不安全。保本点作业率还可以说明企业在保本状态下生产经营能力的利用程度。

保本点作业率与安全边际率之间存在互补关系,即:

$$保本点作业率＋安全边际率＝1$$

(四)有关因素的变动对相关指标的影响

1. 因素的变动对保本点的影响

(1)在其他因素不变的情况下,单价的变动会引起保本点反方向变动。

(2)在其他因素不变的情况下,单位变动成本的变动会引起保本点同方向变动。

(3)在其他因素不变的情况下,固定成本总额变动会引起保本点同方向变动。

(4)在其他因素不变的情况下,产品品种结构变动也会影响多品种产品的综合保本额。

当边际贡献率低的产品的销售比重增加时,会引起保本点上升;当边际贡献率低的产品的销售比重减少时,会引起保本点下降。

2. 因素变动对实现目标利润的影响

(1)在其他因素不变的情况下,单价变动会引起保利点反方向变动。

(2)在其他因素不变的情况下,单位变动成本的变动会引起保利点同方向变动。

(3)在其他因素不变的情况下,固定成本总额变动会引起保利点同方向变动。

(4)在其他因素不变的情况下,产品品种结构变动也会影响多品种产品的综合保利额。

当边际贡献率低的产品的销售比重增加时,会引起保利点上升;当边际贡献率低的产品的销售比重减少时,会引起保利点下降。

3. 因素变动对安全边际的影响

(1)在其他因素不变的情况下,销售量(额)变动对安全边际的影响有两种情况:一是保本销售量(额)保持不动,则实际或预计销售量(额)变动会引起安全边际与实际或预计销售量(额)呈同方向变动。二是实际或预计销售量(额)保持不动,则保本销售量(额)与保本销售量(额)呈反方向变动。

(2)在其他因素不变的情况下,销售单价的变动会引起安全边际同方向变动。

(3)在其他因素不变的情况下,单位变动成本的变动会引起安全边际反方向变动。

(4)在其他因素不变的情况下,固定成本总额的变动会引起安全边际反方向变动。

(5)在其他因素不变的情况下,品种结构的变动也会引起安全边际额的变动。

当边际贡献率低的产品的销售比重增加时,安全边际额呈反方向变动;当边际贡献率高的产品的销售比重增加时,安全边际额呈同方向变动。

（五）本量利分析中的敏感分析

1. 敏感性分析的含义

敏感性分析是研究制约利润的有关因素发生变动时，对利润所产生影响的一种定量分析方法。它是本量利分析的一项重要内容。其主要内容包括：一是研究与提供能引起目标发生质变时各因素变化的界限；二是各因素变化对利润变化影响的敏感程度分析。

2. 影响利润的各变量临界值的确定

销售量的最小允许值＝固定成本÷（单价－单位变动成本）＝
固定成本÷单位边际贡献

单价的最小允许值＝（固定成本＋变动成本总额）÷销售量
单位变动成本的最大允许值＝（销售量×单价－固定成本）÷销售量＝
（销售收入－固定成本）÷销售量
固定成本的最大允许值＝销售量×（单价－单位变动成本）

3. 各因素变化对利润的敏感程度分析

敏感系数＝利润变动百分比÷某因素变动百分比

敏感系数是正值，表明该因素与利润是同方向变动；敏感系数是负值的，表明该因素与利润是反方向变动。敏感系数的绝对值越大，敏感程度越高；反之，敏感系数的绝对值越小，敏感程度越低。

二、背景资料

（一）不确定型的本量利分析

本量利分析是建立在一定的假设条件基础上的。这些假设条件不仅有严格的适用范围，而且由于各种因素的影响，往往和实际情况相脱节。如果忽视了这一点，当假设条件不能成立时就会造成本量利分析不当，从而导致决策失误。因此需要对现有的假设进行扩展，将企业的实际情况予以考虑，从新的角度进行理论分析，寻求解决企业实际问题的方法。

由利润的计算公式可知，利润受到销售数量、销售价格、变动成本和固定成本的影响。其中每一个因素的变动都将引起利润的变动。对于这些因素预期的变动如果能够确定将达到某个水平，比如产品的单价将由目前的多少元提高或降低到多少元，固定成本总额将由目前的数额增加或降低多少元等，那么利润变化的确切数值是可以计算出来的。但在实际经济活动中，由于产品的售价、变动成本、固定成本都受到多种因素的影响，所以对于它们预期的变动往往事前很难准确预计，只能估计它们的变动范围及有关数值在这个范围内可能出现的概率是多少。在这种情况下，对于利润的预测将有多种可能,不可能通过一次简单的计算便得到一个定值。为此,需要对其预期的变动进行概率分析,然后加以综合考虑,才能确定一个最可能达到的数值,这种方法称概率分析法。

运用概率分析法解决不确定条件的本量利分析,一般包括以下基本步骤:

第一步,估计概率,估计可能出现的若干种预期水平的成本、售价和销售量的数值和概率。

第二步,计算每一种可能的预期成本、售价、销售量组合下的分析指标。

第三步,计算每一种组合下的综合概率。

第四步,以综合概率为权数,加权平均计算各项分析指标的期望值。期望值反映了一种集中趋势,是这一不确定型决策项目最可能的结果。

第五步,根据期望值发生的累积概率,对决策风险进行判断,并根据决策者的风险偏好选择适当的方案。

(二)不确定情况下的盈亏临界点分析

某生产企业对其明年销售价格、成本的预测资料如表 3-1 所示。如果该企业的目标利润是 10 万元,试预测盈亏临界点销售量和实现目标利润所需的销售量。

表 3-1　销售单价、成本预测表　　　　　　　　　单位:元

销售单价		单位变动成本		固定成本总额	
预期值	概 率	预期值	概 率	预期值	概 率
150	0.6	90	0.6	100 000	0.7
170	0.3	110	0.4	150 000	0.3
200	0.1				

根据表 3-1 资料,利用组合理论,一共有 12 个组合。计算出每一种组合下的盈亏临界点销售量、综合概率和实现目标利润所需的销售量,最后确定盈亏临界点销售量和实现目标利润所需的销售量的期望值,计算结果如表 3-2 和表 3-3 所示。

表 3-2　各因素概率表　　　　　　　　　单位:元

组合	销售单价		单位变动成本		固定成本总额	
	预期值	概 率	预期值	概 率	预期值	概 率
1	150	0.6	90	0.6	100 000	0.7
2	150	0.6	90	0.6	150 000	0.3
3	150	0.6	110	0.4	100 000	0.7

（续表）

组合	销售单价		单位变动成本		固定成本总额	
	预期值	概　率	预期值	概　率	预期值	概　率
4	150	0.6	110	0.4	150 000	0.3
5	170	0.3	90	0.6	100 000	0.7
6	170	0.3	90	0.6	150 000	0.3
7	170	0.3	110	0.4	100 000	0.7
8	170	0.3	110	0.4	150 000	0.3
9	200	0.1	90	0.6	100 000	0.7
10	200	0.1	90	0.6	150 000	0.3
11	200	0.1	110	0.4	100 000	0.7
12	200	0.1	110	0.4	150 000	0.3

表 3-3　盈亏平衡分析表　　　　　　　　　单位：件

组合	盈亏临界点销售量	综合概率[1]	盈亏临界点销售量期望值
1	1 667	0.252	420
2	2 500	0.108	270
3	2 500	0.168	420
4	3 750	0.072	270
5	1 250	0.126	158
6	1 875	0.054	101
7	1 667	0.084	140
8	2 500	0.036	90
9	909	0.042	38
10	1 364	0.018	25
11	1 111	0.028	31
12	1 667	0.012	20
合计		1	1 983

　　[1] 注：综合概率由表中相应的每一种组合的三个概率相乘得到。如组合1的综合概率0.252＝0.6×0.6×0.7。

计算表明,当产品的售价为 150 元,单位变动成本为 90 元,固定成本为 100 000 元时,盈亏临界点的销售量是 100 000/(150－90)＝1 667(件)。

而这种情况出现的概率为:0.6×0.6×0.7＝0.252,由此得到盈亏临界点销售量期望值为:1 667×0.252＝420(件)。这只是其中的一种可能,同理对其他组合依次进行计算,然后进行汇总,最终可以得到该公司明年的盈亏临界点销售量预计为1 983件。保本的累积概率约为:0.108＋0.168＋0.072＋0.036＝0.384,说明保本的可能性为 38.4％。

(三)不确定情况下的保利分析

如果该生产企业明年的目标利润是 10 万元,预测实现目标利润所需的销售量。利用上面的资料,具体分析如表 3－4 所示。

表 3－4 保利分析表 　　　　单位:件

组合	目标销售量	综合概率	目标销售量期望值
1	3 333	0.252	840
2	4 167	0.108	450
3	5 000	0.168	840
4	6 250	0.072	450
5	2 500	0.126	315
6	3 125	0.054	169
7	3 333	0.084	280
8	4 167	0.036	150
9	1 818	0.042	76
10	2 273	0.018	41
11	2 222	0.028	62
12	2 778	0.012	33
合计		1	3 706

计算表明,当产品的售价为 150 元,单位变动成本为 90 元,固定成本为 10 万元时,实现目标利润所需的销售量为 3 333 件,而这种情况出现的概率为:0.6 ×0.6 ×0.7＝0.252,由此得到目标销售量期望值为:3 333×0.252＝840(件)。这只是其中的一种可能,同理对其他组合依次进行计算,然后进行汇总,最终可以得到该生产企业明年的目标销售量预计为 3 706 件。保利的累积概率约为:0.108＋0.168＋0.072＋0.036＝0.384,说明保利的可能性为 38.4％。

上述分析仅有助于决策,而不能替代决策者的最终判断。根据上面的计算结果,对于风险规避的决策者来讲,这样的方案一般不予执行;对于偏好风险的决策者,可以采取这样的方案,虽然可能性不足50%,但还是有可能获得较高利润的。同时要注意的是,在方案执行过程中,应注意风险监控,并采取规避风险的必要措施,以保证决策目标的实现。

(四)不确定情况下的利润预测

假设销售量预计为3 000件,其概率为1,试预测利润将是多少。

利用上面资料,具体分析如表3-5所示。

表3-5　利润预测表 金额单位:元

组　合	预计销售量(件)	预计利润	综合概率	预计利润期望值
1	3 000	80 000	0.252	20 160
2	3 000	30 000	0.108	3 240
3	3 000	20 000	0.168	3 360
4	3 000	−30 000	0.072	−2 160
5	3 000	140 000	0.126	17 640
6	3 000	90 000	0.054	4 860
7	3 000	80 000	0.084	6 720
8	3 000	30 000	0.036	1 080
9	3 000	230 000	0.042	9 660
10	3 000	180 000	0.018	3 240
11	3 000	170 000	0.028	4 760
12	3 000	120 000	0.012	1 440
合　计			1	74 000

计算表明,当销售量为3 000件,产品的售价为150元,单位变动成本为90元,固定成本为100 000元时,预计利润为:3 000×(150−90)−100 000 = 80 000(元),而这种情况出现的概率为:0.6×0.6×0.7 = 0.252,由此得到预计利润期望值为:80 000×0.252 = 20 160(元)。这只是其中的一种可能,同理对其他组合依次进行计算,然后进行汇总,最终可以得到该生产企业明年的预计利润为74 000元。

概率分析法将各种可能的结果都考虑进去了,因而更接近客观实际情况,虽然工作量较大,但可以得到较为准确的结果,并且分析工作可以借助计算机来完成。

阅 读 文 献

[1] DON R H, MARYANNE M M. 管理会计学[M]. 陈良华,杨敏,译. 3 版. 北京：中国人民大学出版社,2006.

[2] 胡玉明. 管理会计[M]. 广州：暨南大学出版社,2006.

[3] 孙茂竹. 管理会计[M]. 3 版. 北京：中国人民大学出版社,2006.

三、复习题

(一) 思考题

1. 什么是本量利分析？本量利分析有何意义？

2. 什么是边际贡献和边际贡献率？边际贡献与利润有什么区别？

3. 结合实例说明盈亏平衡点分析在企业经营决策中的作用。

4. 保本图可以了解本量利三者之间哪些规律性的联系？

5. 固定成本、变动成本、销售单价、销售量的变化分别对利润有什么影响？比较利润对这些因素的敏感程度。

6. 在多品种的情况下,销售结构发生变化,对保本点和保利点有什么影响？

7. 通过本章的学习,举例说明本量利分析的优点和局限性。

(二) 判断题

1. 在传统式保本图中,当总成本不变时,销售单价越低,保本点越高；反之,销售单价越高,保本点越低。 （　　）

2. 若产品销售单价与单位变动成本同方向同比例变动,则单一品种的产品保本点业务量不变。 （　　）

3. 在其他条件不变的情况下,固定成本减少,将导致保本点位置升高。 （　　）

4. 单位变动成本和固定成本同时变化,必然导致利润发生变化。 （　　）

5. 边际贡献率小于零的企业,必然是亏损企业。 （　　）

6. 安全边际越小,保本点就越大,利润就越低。 （　　）

7. 单价与保本点呈反方向变化,而单位变动成本和固定成本与保本点呈同方向变化。 （　　）

8. 安全边际率等于 35%,说明该企业的生产是绝对安全的。 （　　）

9. 企业各种产品提供的边际贡献即是企业的营业毛利。 （　　）

10. 单价的敏感系数大于销售量的敏感系数。 （　　）

11. 在多品种生产的条件下,降低贡献边际率水平较高产品的销售比重,可降低整个企业综合保本额。 （　　）

12. 某一因素的敏感系数为正号,表明该因素的变动与利润的变动为反方向关

系;为负号则表明是同方向关系。　　　　　　　　　　　　　　　　（　　）

13. 当单位变动成本大于单位边际贡献时,单位变动成本敏感系数的绝对值就会小于销售量敏感系数的绝对值。　　　　　　　　　　　　　　　　（　　）

14. 如果变动成本率为60%,固定成本总额为3万元,则保本销售额为5万元。

（　　）

15. 保本作业率越高,企业经营越安全,越有利;反之保本作业率越低,企业经营越不安全,越不利。　　　　　　　　　　　　　　　　　　　　　　　（　　）

16. 销售利润率等于边际贡献率乘以安全边际率。　　　　　　　　　（　　）

17. 某一项因素达到临界值前的允许或容忍的程度越高,则利润对这项因素就越不敏感;反之,允许或容忍的程度越低,则表明利润对该因素越敏感。（　　）

18. 影响利润的诸因素中,单价和单位变动成本与利润呈同向增减,销量和固定成本与利润呈反向增减。　　　　　　　　　　　　　　　　　　（　　）

19. 盈亏临界点的边际贡献刚好等于总成本,超过盈亏临界点的边际贡献大于总成本,也就是实现了利润。　　　　　　　　　　　　　　　　　（　　）

20. 边际贡献首先用于补偿固定成本,之后若有剩余,才能为企业提供利润。

（　　）

(三) 单项选择题

1. 在其他条件不变的情况下,单价的提高将使产品的边际贡献增加,从而使保本点的位置（　　）。

　　A. 不变　　　　　B. 下降　　　　　C. 上升　　　　　D. 忽高忽低

2. 在边际贡献不变的条件下,若企业的安全边际提高,会使企业（　　）。

　　A. 保本点提高　　B. 利润减少　　　C. 销售量减少　　D. 固定成本降低

3. 如果产品的单价与单位变动成本上升的百分率相同,其他因素不变,则保本销售量（　　）。

　　A. 不变　　　　　B. 下降　　　　　C. 上升　　　　　D. 不确定

4. 当单价为100元,边际贡献率为40%,安全边际量为1 000件时,企业可实现利润（　　）元。

　　A. 100 000　　　B. 60 000　　　　C. 40 000　　　　D. 25 000

5. 当单价单独变动时,安全边际（　　）。

　　A. 将随之反方向变动　　　　　　　B. 不会随之变动

　　C. 将随之同方向变动　　　　　　　D. 不一定随之变动

6. 某产品单价10元,边际贡献率40%,固定成本800元,目标利润1 000元,则保利量为（　　）件。

　　A. 400　　　　　B. 450　　　　　C. 300　　　　　D. 350

7. 当销售量的敏感系数为2,目标利润的变动率为10%时,销售量的变动率应为( )。

    A. 5%   B. 6%   C. 10%   D. 8%

8. 下列项目中,不属于本量利分析研究的内容为( )的关系。

    A. 销量与利润   B. 成本、销量与利润

    C. 产量与成本   D. 产品质量与成本

9. 某企业生产甲、乙两种产品。甲产品产量4 000件,单价100元,单位变动成本80元;乙产品产量8 000件,单价30元,单位变动成本18元。综合边际贡献率为( )。

    A. 20%   B. 27.5%   C. 60%   D. 40%

10. 某企业生产一种产品,单位变动成本为36元,固定成本总额4 000元,产品单价56元,要使安全边际率达到50%,该企业的销售量应达到( )件。

    A. 400   B. 200   C. 300   D. 500

11. 下列指标中,可以判定企业经营安全程度的指标是( )。

    A. 安全边际   B. 边际贡献率   C. 保本量   D. 保本额

12. 某企业生产一种产品,单价6元,单位变动生产成本4元,单位变动销售和管理成本0.5元,销量500件,则其产品贡献边际为( )元。

    A. 800   B. 750   C. 700   D. 650

13. 在安全边际范围内,每增加一个单位的销售量,就可以增加一个( )的利润额。

    A. 单位成本   B. 单位变动成本

    C. 单位边际贡献   D. 单位销售价格

14. 下列公式中,不正确的是( )。

    A. 利润＝边际贡献率×安全边际额

    B. 安全边际率＋保本点作业率＝1

    C. 边际贡献率＝(固定成本＋利润)/销售收入

    D. 安全边际率＋边际贡献率＝1

15. 在各种盈亏临界图中,( )更符合变动成本法的思路。

    A. 单位式   B. 边际贡献式   C. 传统式   D. 利量式

16. 下列因素单独变动时,不会对保本点产生影响的是( )。

    A. 销售量   B. 成本

    C. 边际贡献率   D. 单价

17. 销售收入20万元,贡献边际率60%,其变动成本总额为( )万元。

    A. 8   B. 10   C. 12   D. 6

18. 本量利分析可进行( )分析。

    A. 经济批量   B. 盈亏平衡点

    C. 责任中心业绩   D. 成本差异

19. 用于反映企业保本状态下生产经营能力的利用程度的指标是( )。

    A. 安全边际率   B. 保本作业率   C. 保本量   D. 保本额

20. 某产品销售收入 800 元,保本额 500 元,变动成本率为 65%,则该产品的利润为( )元。

    A. 105   B. 100   C. 210   D. 155

(四) 多项选择题

1. 在生产单一品种的条件下,对保本点、保利点和实现目标税后利润都有影响的因素有( )。

    A. 销售量   B. 单位变动成本

    C. 销售单价   D. 固定成本

2. 提高企业经营安全性的途径包括( )。

    A. 扩大销售量   B. 降低销售单价

    C. 降低固定成本   D. 降低单位变动成本

3. 在盈亏临界图中,盈亏临界点的位置取决于( )等因素。

    A. 单位变动成本   B. 销售单价

    C. 销售量   D. 固定成本

4. 安全边际率可以通过下列( )公式计算。

    A. 保本销售额/实际销售额   B. 安全边际额/实际销售额

    C. 保本销售量/实际销售量   D. 安全边际量/实际销售量

5. 下列项目的变动可以改变保本点位置的有( )。

    A. 固定成本   B. 单价

    C. 单位变动成本   D. 销售量

6. 在其他因素不变的情况下,要使保本额降低 20%,可采取( )措施。

    A. 固定成本提高 20%   B. 固定成本降低 20%

    C. 边际贡献率提高 25%   D. 边际贡献率下降 25%

7. 在传统盈亏临界图的下列描述中,正确的有( )。

    A. 在总成本既定的情况下,销售单价越高,盈亏临界点越低

    B. 在销售单价、固定成本总额既定的情况下,单位变动成本越高,盈亏临界点越高

    C. 在销售单价、单位变动成本既定的情况下,固定成本越大,盈亏临界点越高

D. 在固定成本、单位变动成本、销售单价不变的情况下,销售量越大,实现的利润越大

8. 生产单一品种产品的企业,保本销售额可以通过下列(　　)公式计算。

A. 固定成本总额/(单价—单位变动成本)

B. 固定成本总额/边际利润率

C. 固定成本总额/综合边际利润率

D. 保本销售量×单位利润

9. 当价格变动,其他因素不变时,下列指标中,(　　)随之变动。

A. 安全边际率　　　　　　　　B. 变动成本率

C. 单位边际贡献　　　　　　　D. 保本点

10. 下列各项中,有可能成立的关系有(　　)。

A. 边际贡献率和变动成本率都大于0

B. 边际贡献率大于变动成本率

C. 边际贡献率+变动成本率=1

D. 边际贡献率小于变动成本率

11. 影响保利点的因素有(　　)。

A. 销量　　　　　　　　　　　B. 固定成本

C. 单位变动成本　　　　　　　D. 单价和目标利润

12. 在下列各等式中成立的有(　　)。

A. 安全边际率+保本作业率=1　B. 变动成本率+安全边际率=1

C. 边际贡献率+安全边际率=1　D. 边际贡献率+变动成本率=1

13. 下列各项的变动能使综合保本点和综合保利点同时下降的有(　　)。

A. 边际贡献率较低的产品所占销售比重上升

B. 边际贡献率较高的产品所占销售比重上升

C. 边际贡献率较低的产品所占销售比重下降

D. 边际贡献率较高的产品所占销售比重下降

14. 在边际贡献不变的条件下,若企业的安全边际提高,会使企业(　　)。

A. 利润增加　　B. 销售量增加　　C. 保本点降低　　D. 固定成本降低

15. 本量利分析的基本假设有(　　)。

A. 相关范围假设　　　　　　　B. 模型线性假设

C. 产销平衡假设　　　　　　　D. 品种结构不变假设

16. 利润=(实际销售量—保本销售量)×(　　)。

A. 单位贡献边际　　　　　　　B. 单价—单位变动成本

C. 单位售价　　　　　　　　　D. 单位利润

17. 下列计算结果等于固定成本的有(　　)。

    A. 贡献毛益－利润

    B. 单位变动成本×销量－利润

    C. 销售额×边际贡献率－利润

    D. 销售额×(1－变动成本率)－利润

18. 下列各项中,可据以判断企业恰好处于保本状态的标志有(　　)。

    A. 安全边际率为 0   B. 保本作业率为 100%

    C. 贡献边际等于固定成本   D. 收支相等

19. 下列指标中,会随单价变动呈反方向变动的有(　　)。

    A. 变动成本率   B. 安全边际率   C. 保本点   D. 单位贡献边际

20. 下列影响保本点的因素中,(　　)将与保本点的变化呈同向变动趋势。

    A. 固定成本总额   B. 单位变动成本

    C. 单价   D. 销售量

(五) 业务题

1. 某公司生产甲产品,单价为 300 元,单位变动成本为 180 元,月固定成本总额为 6 万元,本年度的销售量为 1 万件。

要求:

(1) 计算本年度的保本量和保本额。

(2) 公司要求本年度实现利润 60 万元,本年度的销售量能否实现这一目标利润?

2. 甲、乙、丙、丁四家企业某年的生产和销售情况如表 3-6 所示。

表 3-6　生产和销售情况表　　　　　　　　　　单位:万元

企业名称	销售额	变动成本	边际贡献率	固定成本	净利(净亏)
甲	90		40%		6
乙	150	82.5		50	
丙			30%	40	(2.5)
丁	200	130			15

假设每个企业产销平衡,且只生产和销售一种产品。

要求:根据本量利分析模型,计算并填列表中空白栏的数额,并写出计算过程。

3. 某企业产销甲、乙两种产品,甲产品的单价为 100 元,单位变动成本为 70 元,乙产品的单价为 75 元,单位变动成本为 60 元,全年固定成本为 300 万元。

要求:

(1) 如果甲、乙两种产品的销量分别为 12 万件和 6 万件,试计算保本额和预计利润。

(2) 如果销售产品的品种结构变为1∶2,而总销售额保持不变,试计算保本额。

4. 某公司生产和销售一种产品,单位售价为50元,月销售量1万件,单位变动成本为40元,月固定成本1.5万元。公司想增加利润,现有两个方案可供选择:甲方案,如果销售单价每件降低3元,则销售量可增加35%;乙方案,销售单价不变,但每月花费3 000元做广告,则销售量也可增加20%。

要求:计算分析公司应选择哪个方案可获得更多的利润。

5. 某企业产销一种产品,销售收入500万元,变动成本总额300万元,固定成本250万元,利润－50万元。

要求:

(1) 计算在目前条件下要使产品扭亏至少需要增加多少销售量。

(2) 如果固定成本下降为220万元,产品的销售额应增加多少才不亏损?

(3) 如果固定成本下降10%,边际贡献率在原有基础上提高10%,保本点销售额是多少?

(4) 如果变动成本总额下降15%,固定成本下降20%,保本点销售额是多少?

(5) 计算在(4)条件下的安全边际额和安全边际率。

(六) 案例分析题

某企业生产和销售甲产品,单价为80元,产销平衡。该企业目前生产能力为每年3 000件,变动成本总计9万元(其中直接材料3.6万元,直接人工5.4万元),固定成本总计8万元(其中折旧3.2万元,其他4.8万元)。该企业准备购置一台新生产设备,购置费为2万元,可用5年,无残值,按直线法计提折旧。该设备如果投入生产,可使变动成本下降20%。

要求:根据本量利分析的相关指标的计算结果,判断企业是否应该购置这一生产设备。

四、复习题参考答案

(一) 思考题

(略)

(二) 判断题

1. (√) 2. (×) 3. (×) 4. (×) 5. (√) 6. (√) 7. (√) 8. (×)
9. (×) 10. (√) 11. (×) 12. (×) 13. (×) 14. (×) 15. (×)
16. (√) 17. (√) 18. (×) 19. (×) 20. (√)

(三) 单项选择题

1. (B) 2. (D) 3. (B) 4. (C) 5. (C) 6. (B) 7. (A) 8. (D)

9. (B) 10. (A) 11. (A) 12. (B) 13. (C) 14. (D) 15. (B)
16. (A) 17. (A) 18. (B) 19. (B) 20. (A)

(四)多项选择题

1. (BCD) 2. (ACD) 3. (ABD) 4. (BD) 5. (ABC) 6. (BC)
7. (ABCD) 8. (AB) 9. (ABCD) 10. (ABCD) 11. (BCD) 12. (AD)
13. (BC) 14. (ACD) 15. (ABCD) 16. (AB) 17. (ACD) 18. (ABCD)
19. (AC) 20. (AB)

(五)业务题

1. 解:(1) 保本量 = 6 000(件)

保本额 = 1 800 000(元)

(2) 保利量 = 11 000(件)

由于本年度的销售量为 1 万件小于保利量 1.1 万件,所以无法实现 60 万元的目标利润。

2. 解:甲:固定成本 = 30(万元)

变动成本 = 54(万元)

乙:边际贡献率 = 45%

净利 = 17.5(万元)

丙:边际贡献 = 37.5(万元)

销售额 = 125(万元)

变动成本 = 87.5(万元)

丁:边际贡献率 = 35%

固定成本 = 55(万元)

3. 解:(1) 甲、乙两产品的联合单位是 2:1

联合单价 = 275(元)

联合单位变动成本 = 200(元)

联合销量 = 30(万个联合单位)

保本量 = 4(万个联合单位)

保本额 = 1 100(万元)

预计利润 = 1 950(万元)

(2) 品种结构改变后,其销售的比为 1:2

甲产品的边际贡献率 = 30%

乙产品的边际贡献率 = 20%

综合边际贡献率 ≈ 23.33%

保本额 ≈ 1 285.90(万元)

4. 解：甲方案预计利润 ＝ 7.95(万元)

乙方案预计利润 ＝ 10.2(万元)

乙方案的比甲方案预计利润高,所以选择乙方案。

5. 解：(1) 保本销售额 ＝ 625(万元)

扭亏应增加的销售额 ＝ 125(万元)

(2) 保本销售额 ＝ 550(万元)

扭亏应增加的销售额 ＝ 50(万元)

(3) 固定成本 ＝ 225(万元)

边际贡献率 ＝ 44%

保本点销售额 ＝ 511.36(万元)

(4) 变动成本 ＝ 255(万元)

固定成本 ＝ 200(万元)

边际贡献率 ＝ 49%

保本销售额 ＝ 408.16(万元)

(5) 安全边际额 ＝ 91.84(万元)

安全边际率 ＝ 18.37%

(六) 案例分析题

解：(1) 设备购置前。

单位变动成本 ＝ 30(元/件)

单位产品的边际贡献 ＝ 50(元)

保本点的销售量 ＝ 1 600(件)

安全边际 ＝ 1 400(件)

可实现利润 ＝ 70 000(元)

(2) 设备购置以后。

单位变动成本 ＝ 24(元/件)

每年增加折旧费用 ＝ 4 000(元)

保本点的销售量 ＝ 1 500(件)

可实现利润 ＝ 84 000(元)

由于购置设备后的利润(84 000 元)大于购置设备前利润(70 000 元),因此企业应该购置设备。

第四章 预测分析

一、内容的概要解析

本章的主要内容是介绍预测分析的基本原理和基本方法。

预测分析的基本原理的主要内容是介绍预测分析的含意、预测分析的分类、基本原则以及预测分析的程序。

预测分析的含义就是根据已有的会计、财务资料,用科学的方法对企业经营的财务发展或变动程度的事先估算。

预测分析遵循的基本原则:相关性、持续性和类推性。

预测分析的程序:确定预测目标、制订预测计划、分析相关信息资料、建立数学模型、开展预测、差异分析和预测结果评价。

预测分析的基本方法可以分为定性分析法和定量分析法。定性分析法适用于在缺乏历史资料的条件下,具体采用:经验判断法、调查研究法和系统分析法。定量分析法是在具有历史资料的条件下,对相应的历史资料进行加工整理,建立相关数学模型的分析方法,主要包括:算术平均法、移动加权平均法、指数平滑法等的时间关系模型,以及常用的本量利分析法和回归分析法等的因果关系模型的预测分析方法。

预测分析的具体方法除了本量利分析法、回归分析法外还包括无差别点分析法和利润敏感性分析法以及预测的误差分析。分析的对象包括:利润预测、销售预测、成本预测和资金需要量预测。

二、背景资料

预测分析的基本内容包括利润预测、销售预测、成本预测和资金需要量预测。

销售预测是在市场调查的基础上,事先测算企业的产品在未来某一时期的销售量或销售金额。在市场经济条件下销售预测成为市场营销的先导。

利润预测是在销售预测的基础上,对企业未来经营成果应达到的水平和利润实现条件的预测。它是利润分配的前提。

成本预测则是在企业未来发展目标明确的前提下,对实现目标利润的成本及发展趋势的事先预测。在市场竞争的条件下,产品的价格是由市场决定的,因此由成本预测导致的成本控制显得尤为重要。

资金需要量预测是在利润预测、销售预测、成本预测的基础上,对企业未来一定时期内,为实现既定发展目标所需资金量的预测。这对保证资金供应前提下的企业经营资金的节约使用具有重要的现实意义。

阅 读 文 献

[1] 余绪缨.管理会计学[M].北京:中国人民大学出版社,2004.

[2] 吴大军.管理会计[M].2版.大连:东北财经大学出版社,2010.

[3] 唐·汉森,玛丽安娜·莫温.管理会计[M].8版.北京:北京大学出版社,2010.

三、复习题

(一) 思考题

1. 预测分析的步骤有哪些?

2. 什么是经营杠杆?它的作用是什么?

3. 预测分析的基本方法是什么?

4. 销售预测的意义是什么?常用的销售预测技术方法有哪些?

5. 定性分析法和定量分析法的含义是什么?为什么要将两者结合起来?

6. 什么是"利润的敏感度分析"?

7. 企业为什么要进行资金预测?

(二) 判断题

1. 加权平均法和移动加权平均法比较,除了加工资料的时间长短外,其本质是相同的。 ( )

2. 销售预测常用方法中的趋势外推法和因果预测法属于定性分析法。 ( )

3. 区分变动成本、固定成本的实际意义是确定相关成本和无关成本,以利预测和决策。 ( )

4. 当边际贡献总额恰好等于固定成本总额点位时,保本点作业率即为100%。 ( )

5. 边际贡献率会随着销售量的增加或减少而上下变化。 ( )

6. 变动成本项目价格导致的实际成本上升,将导致整个变动成本差异的不利变动。 ( )

7. 产品保本是指营业利润为零,因此其必要条件是边际贡献＞固定成本。 ( )

8. 提高目标利润会提高保利点,但不改变保本点。 ( )

9. 安全边际率与保本点作业率两者互补。 ( )

10. 在利润敏感性分析中,销售量的利润灵敏度指标与固定成本的利润灵敏度指标之差等于1。 ( )

11. 如果工资增长率低于劳动生产率增长幅度,产品成本就会上升;反之,产品成本则会下降。 （　　）

12. 产品的销售单价和成本上涨时,利润也会同时上升。 （　　）

13. 当产品销售增长率小于零时,可以认为产品已经进入衰退期。 （　　）

14. 在利润敏感性分析中,销售量的利润灵敏度指标的敏感程度最高,固定成本的利润灵敏度指标的敏感程度最低。 （　　）

15. 亏损产品按照其能否提供边际贡献,可划分为虚亏产品和实亏产品,不可一律停产。 （　　）

16. 按照效益原则,企业应该优先安排单位边际贡献率高的产品投产。 （　　）

17. 平滑指数数值越大,则近期实际数对预测结果的影响越小。 （　　）

18. 当利润变动率为+80%,销售变动率为+50%时,则经营杠杆系数为1.5。

（　　）

19. 产品的最优销售定价,是能使边际利润为零或接近于为零时的销售价格。

（　　）

20. 用销售百分比法预测外部资金需要量时,固定资产项目占用资金也会随销售额变动而变动。

（三）单项选择题

1. 预测分析可以分为定量分析法与定性分析法两大类,下列方法中,属于定性分析法的是(　　)。

A. 趋势分析法　　B. 平滑指数法　　C. 德尔菲法　　　D. 回归分析法

2. 某企业上年销售收入100万元,边际贡献率为30%,实际利润为20万元。计划年度目标利润为28万元。该企业的经营杠杆系数为(　　)。

A. 1.1　　　　　B. 1.4　　　　　C. 1.7　　　　　D. 　1.5

3. 某企业上年销售收入1 000万元,计划年度销售收入增长20%,又知该企业外部融资占销售收入增长的百分比为10%,则企业的外部融资资金需要量为(　　)万元。

A. 10　　　　　B. 40　　　　　C. 20　　　　　D. 30

4. 在利润敏感性分析中,最为敏感的因素是(　　)。

A. 销售单价　　　　　　　　　B. 单位变动成本

C. 固定成本　　　　　　　　　D. 全部成本

5. 某企业基期销售收入50万元,利润为6万元;计划年度销售收入60万元,利润为9万元。则该企业的边际贡献率为(　　)。

A. 10%　　　　　B. 20%　　　　　C. 50%　　　　　D. 30%

6. 某企业基期销售收入50万元,利润为6万元;计划年度销售收入60万元,利润为9万元。则该企业的边际贡献率为(　　)。

A. 10%   B. 20%   C. 50%   D. 30%

7. 进行销售预测时,采用平滑指数法的关键数据确定( )。

     A. 销售时间序列   B. 销售时间间隔

     C. 基期销售收入   D. 平滑系数 α

8. 未来利润变动率等于产销变动率与经营杠杆系数( )。

     A. 相加   B. 相减   C. 相乘   D. 相除

9. 单价的变动与经营杠杆系数的变动方向( )。

     A. 相反   B. 一致   C. 相同   D. 无关

10. 只要固定成本不等于零,则经营杠杆系数恒( )。

     A. 大于1   B. 小于1   C. 等于1   D. 等于0

11. 某企业基期固定成本总额12 000元,销售量为500件,实际利润为20 000元。该企业的经营杠杆系数为( )。

     A. 1.2   B. 1.4   C. 1.6   D. 1.8

12. 某企业近3年存货平均余额110万元,其中不合理占用10万元。计划年度生产量将增长15%,存货周转率将加速10%。则计划年度该企业的存货资金需用量为( )万元。

     A. 100.5   B. 102.5   C. 103.5   D. 104.5

13. 在资金需要量的预测中,可作为内部周转资金来源的项目是( )。

     A. 应收账款   B. 存货

     C. 折旧、摊销额   D. 周转中的货币资金

14. 某企业产销单一产品,销售单价为120元,单位变动成本80元,固定成本总额200 000元。本期销售10 000件,获利200 000元。若下期目标利润比本期实际增长20%,所需的销售量变动百分比为( )。

     A. 5%   B. 10%   C. 15%   D. 20%

15. 某企业基期销售量为1 000件,销售单价为100元,单位变动成本60元,实际利润为30 000元,计划年度目标利润为42 000元。又知道经营杠杆系数为2.0。则实现目标利润应达到的产销业务量的变动率为( )。

     A. 10%   B. 20%   C. 25%   D. 30%

16. 某企业产销某产品,销售单价为10元,单位变动成本6元,固定成本总额50 000元。本年的实际利润为39 000元。则该企业的实际销售量应为( )件。

     A. 10 000   B. 20 000   C. 22 250   D. 24 500

17. ( )是其他各项预测的基础和前提。

     A. 成本预测   B. 利润预测   C. 资金预测   D. 销售预测

18. 在采用加权平均法进行销售量预测时,合理的各期权数的数据确定应该符

合（　　）。

　　A. 近大远小　　　B. 近小远大　　　C. 逐期递减　　　D. 前后一致

（四）多项选择题

1. 在缺乏完全可靠的历史资料时,可采用（　　）进行销售预测。

　　A. 趋势外推法　　B. 主观判断法　　C. 统计推断法　　D. 德尔菲法

2. 销售预测的常用定量分析法有（　　）。

　　A. 判断分析法　　B. 趋势外推法　　C. 统计推断法　　D. 因果预测法

3. 在前后期单价、单位变动成本和固定成本不变的情况下（　　）。

　　A. 产销量越大,经营杠杆系数越小

　　B. 产销量越大,经营杠杆系数越大

　　C. 产销量越小,经营杠杆系数越大

　　D. 产销量越小,经营杠杆系数越小

4. 成本预测方法中的历史成本分析法包括（　　）。

　　A. 定额测算法　　　　　　　　B. 因素变动预测法

　　C. 高低点法　　　　　　　　　D. 直线回归分析法

5. 预测未来销售量所采用的平滑指数法是一种（　　）。

　　A. 判断分析法　　B. 趋势外推法　　C. 定量分析法　　D. 平均法

6. 在同一产销水平上,经营杠杆系数越大,则（　　）。

　　A. 利润变动幅度越大　　　　　B. 利润变动幅度越小

　　C. 风险越大　　　　　　　　　D. 风险越小

7. 根据经营杠杆系数进行利润预测时,还必须利用的指标有（　　）。

　　A. 基期利润　　　　　　　　　B. 产销变动率

　　C. 单位变动成本　　　　　　　D. 固定成本总额

8. 对产销量比较平稳的产品,较好的预测方法是（　　）。

　　A. 算术平均法　　B. 加权平均法　　C. 判断分析法　　D. 因果预测法

9. 下列因素的变动会使经营杠杆系数呈同方向变化的有（　　）。

　　A. 固定成本　　　　　　　　　B. 单位变动成本

　　C. 产销量　　　　　　　　　　D. 利润

10. 甲投资方案的净现值为 5 000 元,内含报酬率为 10%;乙投资方案的净现值为 4 000 元,内含报酬率为 16%,则下列结果中,正确的有（　　）。

　　A. 甲方案优于乙方案　　　　　B. 乙方案优于甲方案

　　C. 若两个方案互斥,甲优于乙　　D. 若两个方案独立,乙优于甲

（五）业务题

1. 明华企业当年前 6 个月份的实际销售量资料如表 4-1 所示。

表 4-1 销售量资料表

月 份	1	2	3	4	5	6
销售量(台)	100	116	135	125	130	132

又知,明华企业预测的当年6月份的销售预测量为127台。

要求:

(1)用移动加权平均法预测7月份的销售量。(按照最近三期资料移动计算,权重分别为 $W_1=0.2$ $W_2=0.3$ $W_3=0.5$)

(2)根据6月份的实际资料及预测销售量数据,采用平滑指数法预测当年7月份的销售量。(平滑指数取0.6)

(3)用回归分析法预测7月份的销售量。

2. 某企业基期销售收入100万元,边际贡献率为30%,实际利润为20万元,计划期目标利润为26万元。

要求:

(1)计算该企业的经营杠杆系数 DOL。

(2)为了实现计划期目标利润,预测其销售收入应该达到的变动率。

3. 某企业最近5年A产品的历史资料如表4-2所示。

表 4-2 A产品的历史资料

年 份	产量(台)	单位变动成本(元)	固定成本总额(元)	单位生产成本(元)	总成本(元)
2006	50	500	7 500	650	32 500
2007	120	400	7 200	460	55 200
2008	90	450	7 200	530	47 700
2009	60	550	7 200	670	40 200
2010	150	420	7 500	470	70 500

若2012年企业计划产量为140台。

要求:

(1)用高低点法预测2012年A产品的总成本和单位生产成本。

(2)用加权平均法预测2012年总成本。(设5年的权重依次为0.04,0.1,0.16,0.3,0.4)

(3)根据表4-3资料,用回归分析法预测2011年产销量与计划的140台的差异量。(观测的历史资料的 n 为奇数,安排 $\sum x=0$)

表 4-3 产销量资料表

年　份	间隔期(x)	产销量(y)	xy	x^2
2006	-2	50	-100	4
2007	-1	120	-120	1
2008	0	90	0	0
2009	$+1$	60	$+60$	1
2010	$+2$	150	$+300$	4
$n=5$	$\sum x=0$	$\sum y=470$	$\sum xy=140$	$\sum x^2=10$

4. 某企业 2012 年 1 月份销售收入为 50 万元,利润为 6 万元;2 月份销售额为 60 万元,利润为 9 万元。

要求:

(1) 计算该企业的边际贡献率 CMR,变动成本率 bR。

(2) 计算企业的月保本销售额。

(3) 若该企业在 3 月份实现销售收入 70 万元,预计可实现的利润额。

5. 某公司产销单一品种 A 产品,计划年度产销量为 2 000 件,预测的市场销售单价、单位变动成本及固定成本等资料如表 4-4 所示。

表 4-4 A 产品成本资料表

销售价格(P)		单位变动成本		固定成本	
金额(元/件)	概　率	金额(元)	概　率	金额(元)	概　率
80	0.4	50	0.7	50 000	0.8
110	0.6	60	0.3	60 000	0.2

要求:

(1) 测计划年度 A 产品的销售单价期望值,单位变动成本期望值,固定成本总额期望值。

(2) 测下一年度该公司的利润期望值及其相应的销售利润率。

6. 某公司 2012 年 1～6 月份实际产销 H 产品资料如表 4-5 所示。

表 4-5 H 产品产销资料表

月　份	1	2	3	4	5	6
销量(台)	1 200	1 100	1 300	1 200	1 250	1 350
生产成本(元)	78 000	7 5 000	85 000	80 000	83 000	87 500

该企业年初预测的 6 月份的销量为 1 400 台。又设平滑系数 $\alpha = 0.4$。

要求：

(1) 用平滑指数法预测 7 月份 H 产品的销量。

(2) 用高低点法预测当年 7 月份的销量，并计算 H 产品的总成本和单位成本。

7. 某企业年产 A 产品 20 000 只，单位售价 10 元，单位变动成本 6 元，全年固定成本 50 000 元。

要求：

(1) 计算该企业当年利润。

(2) 企业欲使下年度利润在现有利润的基础上增加 30%，计算单位变动成本。

(3) 若单位变动成本维持 6 元不变，要求的年度利润增长率为 30%，计算该产品的单位售价。

(4) 若单位售价和单位变动成本维持 10 元和 6 元不变，企业要求年度利润增长率为 30%，计算企业应增产 A 产品的数量。

8. W 公司单一产销甲产品，设产品销售单价 100 元，单位变动成本 60 元，固定成本总额 120 000 元。基年销售量为 5 000 台，计划的下年销售量仍为 5 000 台，根据上述资料可以算得基年的利润：

$$利润(P) = (p - b)x - a = (100 - 60) \times 5\,000 - 120\,000 =$$
$$200\,000 - 120\,000 = 80\,000(元)$$

要求：

(1) 计算各因素的中间变量及其利润灵敏度指标。

(2) 假定该企业的单价、变动成本分别上升了 3%；销售量、固定成本分别下降了 5%；计算各因素单独变动后对利润带来的影响。

(3) 根据上述资料所确定的各因素利润灵敏度指标，计算上述四个因素共同变动后的利润变动率。

(4) 预测下年度的利润。

9. PE 公司全年销售某产品 2 000 台，单价 3 000 元，公司获利 120 万元。已知该公司固定成本利润灵敏度指标 $S_4 = 1\%$。

要求：

(1) 计算该公司某产品的保本销售量 X_0。

(2) 又知该公司的销售量因素利润灵敏度指标 $S_3 = 2\%$，预测为保证目标利润增长 30% 得以实现的销售量变动百分比。

10. 已知某企业基期实现利润 80 000 元，其实际产销量为 4 000 件，销售单价 125 元，单位变动成本 75 元。为了应对市场竞争，确定计划年度销售单价降为 120 元，单位变动成本控制在 80 元，同时实现目标利润增长 25%。

要求：测算计划年度的产销量变动百分比。

11. USB 公司近 3 年产销 A 产品的年平均数据资料如表 4-6 所示。

表 4-6 资 料 表

	第 一 年	第 二 年	第 三 年
单位变动成本(元)	6	5	5
固定成本总额(元)	80 000	85 000	90 000
权数 W_i	0.2	0.3	0.5

要求：计算第四年 A 产品产量为 8 000 件时按加权平均法的单位生产成本及生产成本总额。

12. D 公司近 3 年存货平均余额为 110 万元,其中由于超储积压所致的不合理占用资金为 10 万元。预测期生产量将增长 15%,存货周转率将加速 10%。

要求：用因素预测法预测该公司的存货资金需要量。

13. BP 公司产销 B 产品。销售单价为 50 元,单位变动成本为 30 元,全年固定成本总额 100 000 元。

要求：

(1) 计算该公司 B 产品的保本销量、保本销售额。

(2) 公司期望实现年度盈利 40 000 元,计算每月应产销 B 产品的件数。

(3) 由于市场变化,当销售单价下降 8%、单位变动成本下降 10%、产品销售量可在 7 000 台基础上增加 6% 时,预测公司可实现的利润额。

(六) 案例分析题

1. 明华公司 2010 年"资产负债表"资料如表 4-7 所示。

表 4-7 明华公司 2010 年资产负债表资料　　　　单位:元

资 产		负债和股东权益	
货币资金	20 000	短期借款	50 000
应收账款	150 000	应付账款	100 000
存货	200 000	应交税费	30 000
固定资产净值	300 000	长期借款	200 000
无形资产	100 000	实收资本	350 000
		留存收益	40 000
合 计	770 000	合 计	770 000

公司当年销售收入为 200 万元,税后净利 6.00 万元,并发放股利 2.40 万元。公司计划 2011 年销售收入增至 240 万元,仍以 2010 年度股利发放率支付股利。该公司固定资产已被充分利用(饱和状态),但无需增加短期借款就能完成今年的销售额,适用的所得税税率为 25%。

要求:用销售百分比法预测该公司 2011 年的外部资金筹措额。

2. 某企业产销 A 产品,单位生产成本 30 元,其中材料成本为 21 元,工资成本为 4.80 元,制造费用 4.20 元,该制造费用为变动性制造费用。计划年度预计材料价格上升 15%;材料消耗下降 10%;劳动生产率将提高 20%;工资上升 10%;A 产品产量将增长 2.5%;变动制造费用将上升 20%。

要求:计算计划年度 A 产品的生产成本降低率。

(1) 材料消耗定额和价格因素的降低率影响的成本降低率 =

[1 −(1 − 材料消耗定额降低率)×(1 − 材料价格降低率)]× 材料费用占产品成本的比率

(2) 劳动生产率和平均工资变动影响的成本降低率 =

$$\left(1-\frac{1+平均工资增长率}{1+劳动生产率增长率}\right)×工资费用占产品成本的比率$$

(3) 变动制造费用及产量变动率影响的成本降低率 =

$$\left(1-\frac{1+变动性制造费用增长率}{1+产量增长率}\right)×变动制造费用占产品成本的比率$$

(4) 生产成本降低率 =(1)+(2)+(3)

表 4-8 成本资料表

成本项目	单位变动金额(元)	占单位成本的比率(%)
材料费	21.00	70
工资费	4.80	16
变动制造费	4.20	14
合 计	30.00	100

四、复习题参考答案

(一) 思考题

(略)

(二) 判断题

1. (√) 2. (×) 3. (×) 4. (√) 5. (×) 6. (√) 7. (×) 8. (√)

9.（√） 10.（×） 11.（×） 12.（×） 13.（√） 14.（×） 15.（√）
16.（×） 17.（×） 18.（×） 19.（√） 20.（×）

（三）单项选择题

1.（C） 2.（D） 3.（C） 4.（A） 5.（D） 6.（D） 7.（D） 8.（C）
9.（A） 10.（A） 11.（C） 12.（C） 13.（C） 14.（B） 15.（B） 16.（C）
17.（D） 18.（A）

（四）多项选择题

1.（BCD） 2.（BD） 3.（AC） 4.（CD） 5.（BCD） 6.（AC） 7.（AB）
8.（AB） 9.（AB） 10.（CD）

（五）业务题

1. 解：（1）7月份的销售量（移动加权平均法）＝

$$\frac{125 \times 0.2 + 130 \times 0.3 + 132 \times 0.5}{0.2 + 0.3 + 0.5} = 130（台）$$

（2）7月份的销售量（平滑指数法）＝平滑系数×上期实际销售数＋

（1－平滑系数）×上期预测销售数＝

$0.6 \times 132 + (1 - 0.6) \times 127 = 79.2 + 50.8 = 130（台）$

（3）历史资料的 n 为偶数，安排 $\sum x = 0$，列出表4－9。

表4－9 计 算 表

年　份	间隔期(x)	产销量(y)	xy	x^2
2006	－2	50	－100	4
2007	－1	120	－120	1
2008	0	90	0	0
2009	＋1	60	＋60	1
2010	＋2	150	＋300	4
$n = 5$	$\sum x = 0$	$\sum y = 470$	$\sum xy = 140$	$\sum x^2 = 10$

$a = \sum y \div n = 738 \div 6 = 123$

$b = \sum xy \div \sum x^2 = 192 \div 70 = 2.742\,857$

建立预测模型：$y = a + bx = 123 + 2.742\,857x$

7月份的 x 值按间隔期2推算应为：＋5＋2＝＋7

∴7月份的预计销售量 $y = 123 + 2.742\,857 \times 7 = 142.20（台）$

2. 解：(1) $DOL = \dfrac{Tcm_0}{P_0} = \dfrac{100 \times 30\%}{20} = \dfrac{30}{20} = 1.5$（倍）

(2) 实现目标利润应该达到的销售收入变动率＝

$\dfrac{\text{计划期目标利润－基期实际利润}}{\text{基期实际利润} \times \text{经营杠杆系数}} \times 100\% =$

$\dfrac{26-20}{20 \times 1.5} = \dfrac{6}{30} \times 100\% = 20\%$

3. 解：(1)

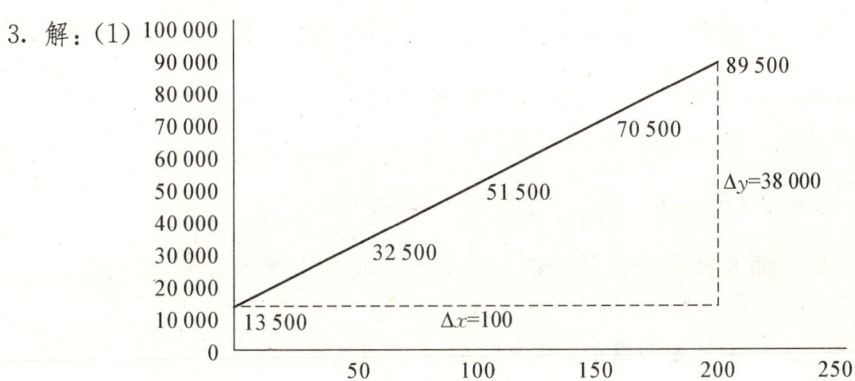

图 4-1 A 产品总成本和单位成本预测图

$B = \dfrac{\Delta y}{\Delta x} = \dfrac{38\,000}{100} = 380$（元）

$a = 70\,500 - 380 \times 150 = 13\,500$（元）

$y = bx + a = 380x + 13\,500$

将 $x = 140$ 台代入

$y = 380 \times 140 + 13\,500 = 66\,700$（元）

单位生产成本 $= \dfrac{\text{总成本}}{\text{实际产量}} = \dfrac{66\,700}{140} = 476.43$（元）

(2) 总成本 $(y) =$

$\dfrac{7\,500 \times 0.04 + 7\,200 \times 0.1 + 7\,200 \times 0.16 + 7\,200 \times 0.3 + 7\,500 \times 0.4}{0.04 + 0.1 + 0.16 + 0.3 + 0.4} +$

$\dfrac{500 \times 0.04 + 400 \times 0.1 + 450 \times 0.16 + 550 \times 0.3 + 420 \times 0.4}{0.04 + 0.1 + 0.16 + 0.3 + 0.4} \times 140 =$

$\dfrac{300 + 720 + 1\,152 + 2\,160 + 3\,000}{1} + (20 + 40 + 72 + 165 + 168) \times 140 =$

$7\,332 + 465 \times 140 = 7\,332 + 65\,100 = 72\,432$（元）

(3) $a = \sum y \div n = 470 \div 5 = 94$

$b = \sum xy \div \sum x^2 = 140 \div 10 = 14$

2011 年的预计销售量 $y = a + bx = 94 + 14 \times 3 = 136$(台)

(2011 年的 x 值按每年间隔 1 推算：$2 + 1 = 3$)

$\because 136 - 140 = -4$(台)

$\therefore$ 预测产销量比计划量少 4 台。

4. 解：(1) $CMR = \dfrac{9 - 6}{60 - 50} \times 100\% = 30\%, bR = 1 - 30\% = 70\%$

(2) $Tcm =$ 销售收入 $-$ 变动成本总额 $= 60 - 60 \times 70\% = 18$(万元)

$a = Tcm - P = 18 - 9 = 9$(万元)

$\therefore$ 保本销售额 $y_0 = \dfrac{a}{CMR} = \dfrac{9}{30\%} = 30$(万元)

(3) $P =$ 销售收入 $-$ 变动成本总额 $-$ 固定成本总额 $=$

$\qquad 70 - 70 \times 70\% - 9 = 12$(万元)

或 $\qquad =$ 销量增加所增加的边际贡献 $+$ 上月实现的利润 $=$

$\qquad (70 - 60) \times 30\% + 9 = 12$(万元)

$$E = \sum_{i=1}^{n} X_i \cdot P_i$$

5. 解：(1) $E(p) = 80 \times 0.4 + 110 \times 0.6 = 98$(元)

$E(b) = 50 \times 0.7 + 60 \times 0.3 = 35 + 18 = 53$(元)

$E(a) = 50\,000 \times 0.8 + 60\,000 \times 0.2 = 40\,000 + 12\,000 =$

$\qquad 52\,000$(元)

(2) 预测利润 $(P) = (p - b)x - a =$

$\qquad (98 - 53) \times 2\,000 - 52\,000 =$

$\qquad 90\,000 - 52\,000 = 38\,000$(元)

销售利润率 $= \dfrac{P}{PX} = \dfrac{38\,000}{98 \times 2\,000} \times 100\% \approx 19.387\%$

6. 解：(1) 7 月份销售量 $=$ 平滑系数 $\times$ 上期实际销售量 $+$

$\qquad$ (1 $-$ 平滑系数) $\times$ 上期预测销售量 $=$

$\qquad 0.4 \times 1\,350 + (1 - 0.4) \times 1\,400 =$

$\qquad 540 + 840 = 1\,380$(台)

(2) 确定：高点(1 350, 87 500)

$\qquad$ 低点(1 100, 75 000)

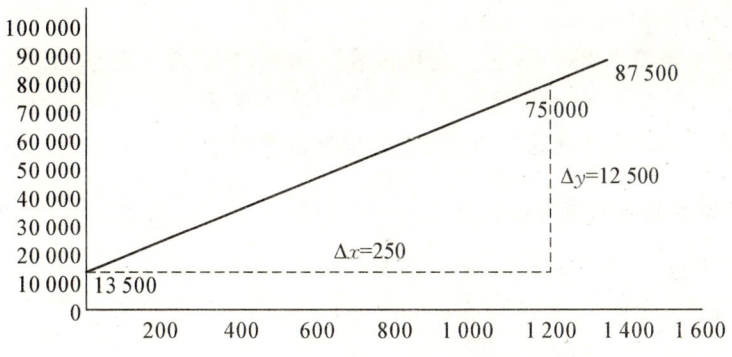

图 4-2　H 产品总成本和单位成本预测图

$\Delta y = 12\,500,\ \Delta x = 250$

$b = \dfrac{12\,500}{250} = 50$

$a = 87\,500 - 50 \times 1\,350 = 20\,000$

建立数学模型：$y = 20\,000 + 50x$

7 月份总成本 $y = 20\,000 + 50 \times 1\,380 = 89\,000$（元）

7 月份 H 产品单位成本 $= 89\,000 \div 1\,380 = 64.49$（元）

或 = 单位变动成本 + 单位固定成本 $= 50 + \dfrac{20\,000}{1\,380} \approx 64.50$（元）

7. 解：(1) $x = 20\,000$（只）　$P = 10$（元）　$b = 6$（元）　$a = 50\,000$（元）

$P = (p - b)x - a = (10 - 6) \times 20\,000 - 50\,000 = 30\,000$（元）

(2) 设单位变动成本的金额应为 b，则：

$(10 - b)20\,000 - 50\,000 = 30\,000 \times (1 + 30\%)$

$(10 - b)20\,000 = 89\,000$（元）

解得 $b = 5.55$（元）

∴ 单位变动成本应该为 5.55 元。

(3) 设单位销售价格应为 p，则：

$(p - 6)20\,000 - 50\,000 = 30\,000 \times (1 + 30\%)$

$p - 6 = \dfrac{89\,000}{20\,000} = 4.45$（元）

$p = 10.45$（元）

(4) 设该企业的产销量为 x，则：

$(10 - 6)x - 50\,000 = 30\,000 \times (1 + 30\%)$

$x = \dfrac{89\,000}{4} = 22\,250$

$22\,250-20\,000=2\,250$（只）

∴ 企业应增产 $2\,250$ 只，能实现利润增长30%，产量增长率为11.25%。

8. 解：(1) 设 $i_1=$ 价格因素　　$i_2=$ 变动成本因素

　　　　　　$i_3=$ 销售量因素　　$i_4=$ 固定成本因素

第 i 个因素利润灵敏度指标 $S_i=\dfrac{M_i}{p}\times1\%=\dfrac{第\,i\,个因素中间变量}{基期利润}\times1\%$

$$(i=1,\,2,\,3,\,4)$$

$M_1=px=100\times5\,000=500\,000$（元）

$M_2=bx=60\times5\,000=300\,000$（元）

$M_3=Tcm=cmx=(100-60)\times5\,000=200\,000$（元）

$M_4=a=120\,000$（元）

价格因素利润灵敏度指标 $S_1=\dfrac{M_1}{p}\times1\%=\dfrac{500\,000}{80\,000}\times1\%=6.25\%$

变动成本因素的利润灵敏度指标 $S_2=\dfrac{M_2}{p}\times1\%=\dfrac{300\,000}{80\,000}\times1\%=3.75\%$

销售量因素的利润灵敏度指标 $S_3=\dfrac{M_3}{p}\times1\%=\dfrac{200\,000}{80\,000}\times1\%=2.5\%$

固定成本因素的利润灵敏度指标 $S_4=\dfrac{M_4}{p}\times1\%=\dfrac{120\,000}{80\,000}\times1\%=1.5\%$

(2) 各因素单独变动影响的利润变动率：

$K_0=(-1)1+i\times100\times$ 第 i 个因素变动率 $\times$ 某因素的 S_i 利润灵敏度指标

价格因素影响利润变动率 $K_0=(-1)1+1\times100\times3\%\times6.25\%=$

　　　　　$0.187\,5=18.75\%$（有利）

变动成本因素影响利润变动率 $K_0=(-1)1+2\times100\times3\%\times3.75\%=$

　　　　　$-0.112\,5=-11.25\%$（不利）

销售量因素影响利润变动率 $K_0=(-1)1+3\times100\times(-5)\%\times$

　　　　　$2.5\%=-0.125=-12.5\%$（不利）

固定成本因素影响利润变动率 $K_0=(-1)1+4\times100\times(-5)\%\times$

　　　　　$1.5\%=0.075=7.5\%$（有利）

(3) 当多因素以上述幅度同时变动时，对利润综合影响的公式如下：

$K_0=100\times[(K_1+K_3+K_1\times K_3)S_1-(K_2+K_3+K_2\times K_3)S_2-K_4\times S_4]$

由于 $S_1=6.25\%$　$S_2=3.75\%$　$S_4=1.5\%$

$K_1=+3\%$　$K_2=+3\%$　$K_3=-5\%$　$K_4=-5\%$

综合影响计算如下：

$K_0 = 100 \times [(3\% - 5\% - 3\% \times 5\%)6.25\% - (3\% - 5\% - 3\% \times 5\%)3.75\% -$

$(-5\%) \times 1.5\%] = 100 \times [(0.03 - 0.05 - 0.001\,5) \times 0.062\,5 -$

$(0.03 - 0.05 - 0.001\,5) \times 0.037\,5 + 0.000\,75] =$

$100 \times (-0.001\,343\,75 + 0.000\,806\,25 + 0.000\,75) =$

$0.021\,25 = 2.125\%(有利)$

(4) 计划年度销售利润率 $= \dfrac{80\,000\,元 \times (1 + 2.125\%)}{500\,000} \times 100\% = 16.34\%$

计划年度预计利润 $= 80\,000(1 + 2.125\%) = 81\,700(元)$

或 $= 500\,000 \times 16.34\% = 81\,700(元)$

9. 解：(1) $p = 3\,000(元)$ $x = 2\,000(台)$ 利润 $P = 120(万元)$

固定成本利润灵敏度指数 $S_4 = 1\%$

根据定义：$S_4 = \dfrac{a}{p} \times 1\% = 1\%$

则 $1\% = \dfrac{a}{1\,200\,000} \times 1\%$

$\therefore a = 1\,200\,000(元)$

$\because$ 利润 $P = cm \times 2\,000 - 120\,000 = 1\,200\,000(元)$

解得 $cm = 1\,200(元)$

$\therefore$ 保本销售量 $X_0 = \dfrac{a}{cm} = \dfrac{1\,200\,000}{1\,200} = 1\,000(台)$

(2) 基本公式 $K_i = (-1) \times 1 + i \cdot \dfrac{K_0}{S_i} \times 1\%$

目标利润增长 30% 的销售量变动率 $K_3 = (-1) \times 1 + 3 \times \dfrac{30\%}{2\%} \times 1\% = 15\%$

10. 解：$\because p = 125$ $b = 75$ $x = 4\,000(件)$ 利润 $P = 80\,000(元)$

$\therefore$ 固定成本总额 $a = (125 - 75) \times 4\,000 - 80\,000 = 120\,000(元)$

计划年度 $p = 120$ $b = 80$ $P = 80\,000 \times 125\% = 100\,000(元)$

$a = 120\,000(元)$

有 $(120 - 80)X - 120\,000 = 100\,000$

解得 $X = 5\,500(件)$

$\therefore$ 产量变动百分比 $= \dfrac{5\,500 - 4\,000}{4\,000} \times 100\% = 37.5\%$

11. 解：第四年单位变动成本 $= 6 \times 0.2 + 5 \times 0.3 + 5 \times 0.5 =$

$1.2 + 1.5 + 2.5 = 5.20(元)$

第四年固定成本总额 $= 80\,000 \times 0.2 + 85\,000 \times 0.3 + 90\,000 \times 0.5 =$

$$16\ 000 + 25\ 500 + 45\ 000 = 86\ 500(元)$$

第四年 A 产品总成本 $y = bx + a = 5.20 \times 8\ 000 + 86\ 500 =$

$$41\ 600 + 86\ 500 = 128\ 100(元)$$

第四年 A 产品单位成本 $= \dfrac{\text{全年产品总成本}}{\text{总产量}} = \dfrac{128\ 100}{8\ 000} = 16.01(元/件)$

12. 解：基本公式：

预测期的存货流动资金需要量 $=$（基年存货资金平均占用额 $-$ 不合理占用）$\times$

（$1 +$ 预测期产量增长率）$\times$

（$1 -$ 预测期存货资金周转加速率）$=$

$(110 - 10) \times (1 + 15\%) \times (1 - 10\%) =$

$103.5(万元)$

13. (1) 保本点：$bR = \dfrac{30}{50} = 60\%$ $\begin{cases} x_0 = \dfrac{a}{cm} = \dfrac{100\ 000}{20} = 5\ 000(台) \\ y_0 = \dfrac{a}{cmR} = \dfrac{100\ 000}{40\%} = 250\ 000(元) \end{cases}$

$cmR = 1 - 60\% = 40\%$

$\therefore cm = 50 \times 40\% = 20$

(2) 公司欲实现盈利 40 000 元，每月产量 $= 5\ 000 + \dfrac{40\ 000Tcm}{20cm} =$

$5\ 000 + 2\ 000 = 7\ 000(台)$

(3) 市场变动后的相关因素值

$P = 50 \times (1 - 8\%) = 46(元)$

$b = 30 \times (1 - 10\%) = 27(元)$

$X = 7\ 000(1 + 6\%) = 7\ 420(台)$

此时利润：$P = (46 - 27) \times 7\ 420 - 100\ 000 = 40\ 980(元)$

（六）案例分析题

1. 解：方法一：

销售预达到 240 万元时的资产与负债如下：

货币资产　　$240 \times 1\% = 2.4$(万元)　　短期借款　　与上年相同$=5$(万元)

应收账款　　$240 \times 7.5\% = 18$(万元)　　应付账款　　$240 \times 5\% = 12$(万元)

存货　　　　$240 \times 10\% = 24$(万元)　　应交税费　　$240 \times 1.5\% = 3.6$(万元)

固定资产净值　$240 \times 15\% = 36$(万元)　　长期负债　　与上年相同$=20$(万元)

2011 年预计资产总额 $= 2.4 + 18 + 24 + 36 + 10 = 90.4$(万元)

2011 年预计负债总额＝5＋12＋3.6＋20＝40.6(万元)

留存收益增加数 $= 240 \times \left(\dfrac{6}{200} \times 120\% \right) \times (1 - 25\%) =$

$$8.64 \times 0.75 = 6.48(万元)$$

需筹措的资金数量＝90.4－40.6－(35＋4＋6.48)＝90.4－86.08＝4.32(万元)

方法二：

销售增长率$(k) = \dfrac{240 - 200}{200} \times 100\% = 20\%$

敏感性资产$(A) = 2 + 15 + 20 + 30 = 67(万元)$

敏感性负债$(L) = 10 + 3 = 13(万元)$

留存收益$(R) = 240 \times \left(\dfrac{6}{200} \times 120\% \right) \times (1 - 25\%) = 6.48(万元)$

增量资金$(\Delta F) = (67 - 13) \times 20\% - 6.48 = 4.32(万元)$

2. 解：材料消耗定额和价格因素的降低率影响的成本降低率＝

$$[1 - (1 - 10\%)(1 + 15\%)] \times 70\% = -0.024\,5 = -2.45\%(不利)$$

劳动生产率和平均工资变动影响的成本变动率 $= \left(1 - \dfrac{1 + 10\%}{1 + 20\%} \right) \times 16\% =$

$$\left(1 - \dfrac{1.1}{1.2} \right) \times 16\% = 0.013\,3 = 1.33\%(有利)$$

变动制造费用及产量变动率影响的成本降低率 $= \left(1 - \dfrac{1 + 20\%}{1 + 25\%} \right) \times 14\% =$

$$0.005\,6 = 0.56\%(有利)$$

生产成本降低率＝(1)＋(2)＋(3)＝

$$-2.45\% + 1.33\% + 0.56\% = -0.56\%(不利)$$

∴总生产成本将上升0.56%。

第五章　短期经营决策

一、内容的概要解析

（一）短期决策的相关概念、程序和方法

短期决策（short-term decision making）又称战术决策（tactical decision making），是指对较短时间（通常 1 年）内收支盈亏、现有技术装备和经营条件的最优利用等产生影响的决策。

短期决策一般按以下五个步骤进行：① 确定决策目标；② 提出备选方案；③ 确定各个可行备选方案有关的成本与收益；④ 汇总每个相关方案的成本和收益；⑤ 进行决策。

（二）短期决策的方法

短期经营决策的分析方法有很多，最常用的分析方法有差别分析法、边际贡献法、单位资源边际贡献法和无差别点分析法以及相关损益分析法。

短期决策的内容有很多，但从大类来看，主要有生产决策和定价决策两大类。

1. 生产决策分析

生产决策是企业短期决策中最重要的问题，所谓生产决策，就是在企业现有生产经营能力的条件下，为了争取实现尽可能好的经营成果，就以下问题所作出的合理决定：生产何种产品、亏损产品是否该停产或转产、是否追加订货、重要零件是自制还是外购、半成品是继续加工还是直接销售、生产如何进行最优组合等问题。

对于制造类企业而言，首先要面临的问题就是生产何种产品的问题。企业在进行充分的市场调查后，根据企业现有的资源和经营能力，需要在多种产品中选择一种产品进行生产，可用差别分析法进行分析，即通过比较两种产品的差量收入和差量成本，从中选择最优方案。

当单位的某种产品发生亏损后，闲置下来的生产能力无法被用于其他方面（既不能用于转为生产其他产品，也不能将有关设备对外出租），即生产能力无法转移的情况下，我们只要采用边际贡献法来进行决策。也就是说，即使该产品发生亏损，只要边际贡献为正数，该产品就不该停产；反之就应该停产。因为在这种生产能力无法转移的情况下，停产亏损产品，只能减少其变动成本，并不减少其固定成本。如果继续生产亏损产品，亏损产品所提供的边际贡献可以补偿一部分固定成本；而停产亏损产品不但不会减少亏损，反而会扩大亏损。

企业在满足正常渠道的销售后,如还有剩余生产能力未被充分利用又不能转移,对出价低于单位产品成本但高于单位变动成本又无其他特殊要求的订单,就可以接受。

自制或外购零部件决策既可用差别成本分析法,也可用无差别点分析法。

某些企业的半成品可以立即出售,也可以进一步加工成产成品再出售。对于这类加工决策问题,可采用差量分析法来进行比较分析。

联产品是指在同一生产过程中可同时生产出若干种主要产品的产品,有些企业的联产品可在分离后立即出售,也可在分离后继续加工再出售。这种联产品分离后是否继续加工的决策也可采用差量分析法进行分析。

2. 定价决策分析

定价问题是企业生产经营中一个极为重要的问题,产品价格不仅影响产品的销量,还会影响到企业的收入和利润。产品定价太高,会减少市场份额,削弱企业的竞争能力;定价太低,则会降低销售收入和利润,难以实现企业目标利润。

一般产品定价决策分析方法主要有:完全成本定价法和变动成本加成定价法。

完全成本定价法是在按完全成本法计算的产品成本的基础上,加上一定的目标利润作为产品的销售价格的方法。其计算公式如下:

$$单位销售价格 = 单位产品完全成本 + 单位目标利润额 =$$
$$单位产品完全成本 \times (1 + 成本利润率)$$

变动成本加成定价法是以产品的变动成本为基础,加上一定数额的边际贡献作为制订产品的销售价格的方法。其计算公式如下:

$$单位销售价格 = 单位变动成本 + 预计单位边际贡献 =$$
$$单位变动成本 / 预计变动成本率 =$$
$$单位变动成本 /(1 - 预计边际贡献率)$$

薄利多销的定价策略是指为了扩大产品的销量而采取的定价策略。

企业实现薄利多销,必须考虑现有生产能力,并确保企业原有的盈利能力,在此基础上对各调价方案进行可行性分析。

保利量分析法是指利用调价后预计销量与保利点销量之间的关系进行调价决策的分析方法。

保利点销量是指为确保某种产品原有盈利能力在调价后至少应达到的销量指标。

$$保利点销量 = \frac{固定成本 + 调价前利润}{拟调单价 - 单位变动成本}$$

调价方案可行性判断标准:最大生产能力≥预计销量>保利点销量

如果调价在成本水平不变、生产能力许可的前提下,可通过计算调价后的利润增量来判断方案的可行性,利润增量计算公式如下:

利润增量 = 价格调低后销量变动带来的边际贡献增加额 —

按调价前销量计算的价格降低带来的销售收入减少额 =

(调价后价格 — 单位变动成本) × 销量增加额 — 价差 × 调价前销量

二、背景资料

短期决策分析方法除了教材中介绍的差别分析法、边际贡献法、单位资源边际贡献法和无差别点分析法以及相关损益分析法外,还有决策树分析法。

决策树分析法是以图解的形式,把决策问题的各备选方案的要点、可能事件和结果,逐步顺序展开,并以计量的方法测算出各个方案的结果,通过比较,从中选出最优决策方案的一种决策分析方法。这种分析方法一般适用于风险型决策,它不但可以解决单阶段决策问题,而且可以解决多阶段序列决策问题。

运用决策树分析法进行决策分析,一般可按如下几个步骤进行:

(1) 绘制决策图。绘图是从左至右分阶段展开的。绘图时要对决策问题进行详细分析,确定哪些方案可供选择,以及各种方案的实行都会发生哪些情况,如遇多阶段决策,则要确定是几个阶段,并逐阶段展开其方案枝、状态结点和概率枝。

(2) 预计各种方案可能发生的概率。概率可凭管理人员经验估计,或根据历史资料推算,也可用特定预测方法进行测算。

(3) 计算期望值。将各状态结点的数值分别乘以各自概率枝上的概率,如果有决策期限问题,还要乘以决策期限。将其乘积标于收益值(或损失值)点。将同一状态结点的各概率枝的收益值相加,将其和标于相应状态结点上,计算其期望值。

(4) 剪枝决策。比较各方案的期望值,如方案实施有费用发生,则应将状态结点值减去费用再进行比较。凡是期望值小的方案枝一律剪掉,最终只剩下一条贯穿始终的方案枝,其期望值最大,将此最大值标于决策结点上,即为最佳方案。

在决策问题比较简单的情况下,可以采用单阶段决策树分析法;如果遇到比较复杂的决策问题,就需要进行若干个阶段的决策,采用多阶段决策树分析法进行决策。

阅 读 文 献

[1] 唐·汉森,玛丽安娜·莫温. 管理会计[M]. 8 版. 北京:北京大学出版社,2010.

[2] 王琳. 管理会计[M]. 6 版. 大连:东北财经大学出版社,2010.

三、复习题

(一) 思考题

1. 什么是决策? 什么是短期决策?

2. 短期决策的基本程序有哪些?

3. 什么是机会成本?

4. 生产何种产品决策时一般可采用哪些分析方法?

5. 什么是付现成本和沉没成本?

6. 什么是边际成本?

7. 短期决策时一般哪些是相关成本?

8. 哪些是短期决策无关成本?

9. 相关成本和无关成本的划分依据是什么?

10. 如何利用差量分析法进行决策?

(二) 判断题

1. 机会成本是指过去已经发生、无法由现在或将来的任何决策所能改变的成本。（　　）

2. 短期决策是战略决策,长期决策是战术决策。（　　）

3. 机会成本、沉落成本和可避免成本都是相关成本。（　　）

4. 只要是由决策方案直接引起的成本都是相关成本。（　　）

5. 亏损产品应立即停产,否则生产越多,亏损越多。（　　）

6. 在企业生产受某一资源限制的情况下进行生产决策,应该选择产品单位资源边际贡献指标作为评价依据。（　　）

7. 在进行联产品生产决策时,分离前的"联合成本"不必考虑。（　　）

8. 自制或外购零部件的决策只能采用差别成本分析法。（　　）

9. 完全成本定价法是以产品的变动成本为基础,加上一定数额的边际贡献作为制定产品销售价格的方法。（　　）

10. 在采用保利量分析法进行定价决策时,只要调价后预计销量大于保利点销量调价方案就可行。（　　）

(三) 单项选择题

1. 以下属于决策相关成本的是(　　)。
   A. 联合成本　　　　　　　　B. 沉落成本
   C. 不可避免成本　　　　　　D. 机会成本

2. 以下属于决策无关成本的是(　　)。
   A. 专属成本　　B. 机会成本　　C. 分离成本　　D. 沉落成本

3. 在短期决策中,可以不考虑的成本是(　　)。
   A. 边际成本　　B. 可避免成本　　C. 分离成本　　D. 历史成本

4. 过去已经发生不会因为现在或未来的决策而改变的成本是(　　)。
   A. 机会成本　　B. 沉落成本　　C. 边际成本　　D. 重置成本

5. 一般情况下,在剩余生产能力无其他用途时,亏损产品的(　　)不应停产。

A. 收入大于变动成本　　　　　B. 成本较小

C. 边际贡献小于零　　　　　　D. 单价较高

6. 亏损产品是否转产,主要取决于转产产品所产生的边际贡献与亏损产品所提供的边际贡献,若前者(　　)后者,则转产方案可行。

A. 小于　　　　B. 大于　　　　C. 等于　　　　D. 接近

7. 企业所需的某零件既可自制,又可以从市场购买,市场价为每件20元,自制所需的相关固定成本为20 000元,单位变动成本为10元,则其成本无差别点为(　　)件。

A. 1 500　　　B. 1 000　　　C. 2 000　　　D. 2 200

8. 在联产品是立即出售还是进一步加工后决策中,一般可将继续加工增加的收入与继续加工增加的成本进行比较,若前者(　　)后者,那么继续加固方案较优。

A. 大于　　　　B. 小于　　　　C. 等于　　　　D. 接近

9. 在企业生产受到某一资源限制的情况下进行生产决策,必须以(　　)的大小来判断方案的优劣。

A. 销售收入　　　　　　　　　B. 销售价格

C. 边际贡献总额　　　　　　　D. 单位资源边际贡献

10. 企业在进行经营决策时,根据不同备选方案计算出来的成本差异,称为(　　)。

A. 边际成本　　B. 沉没成本　　C. 机会成本　　D. 差别成本

(四) 多项选择题

1. 属于短期经营决策中无关成本的有(　　)。

A. 共同成本　　B. 专属成本　　C. 联合成本　　D. 不可避免成本

2. 属于短期决策中相关成本的有(　　)。

A. 重置成本　　B. 机会成本　　C. 沉没成本　　D. 可避免成本

3. 短期经营决策中必须考虑的因素包括(　　)。

A. 相关业务量　　B. 相关收入　　C. 相关成本　　D. 货币时间价值

4. 当剩余生产能力无法转移时,亏损产品不应停产的条件有(　　)。

A. 该亏损产品的变动成本率大于1

B. 该亏损产品的变动成本率小于1

C. 该亏损产品的边际贡献大于0

D. 该亏损产品的边际贡献率大于0

5. 一般产品定价决策分析方法有(　　)。

A. 变动成本定价法　　　　　　B. 完全成本定价法

C. 变动成本加成定价法　　　　D. 本量利分析法

6. 薄利多销的可行性分析方法有(　　)。

A. 本量利分析法
B. 保利点分析法

C. 利润增量法
D. 差量分析法

7. 保利量分析法需要考虑的因素有(　　)。

A. 最大生产能力
B. 预计销量

C. 拟调单价
D. 单位变动成本

8. 自制或外购零部件的决策可采用(　　)。

A. 单位资源边际贡献法
B. 本量利分析法

C. 差别成本分析法
D. 无差别点分析法

9. 短期经营决策的分析方法有(　　)。

A. 净现值法
B. 差量分析法

C. 无差别点分析法
D. 相关损益分析法

10. 以下决策中,适合采用差量分析法的有(　　)。

A. 开发新产品决策
B. 亏损产品决策

C. 特殊订单决策
D. 半成品继续加工决策

(五) 业务题

1. 某企业现有生产能力 40 000 机器小时,为充分利用生产能力准备开发新产品,新产品有 A、B、C 三种可供选择,资料如表 5-1 所示。

表 5-1　新产品资料表

产品名称	A	B	C
预计售价(元/件)	100	60	30
预计单位变动成本(元/件)	50	30	12
单位定额机时(小时)	40	20	10

已知市场对 B、C 产品的年需要量分别为 700 件和 600 件。

要求:作出新产品开发的品种结构决策。

2. 某企业有一种通用设备,可以生产 A 产品或 B 产品,两种产品预期销量、单价和单位变动成本如表 5-2 所示。

表 5-2　两种产品资料表

项目	A 产品	B 产品
销售数量(件)	1 000	500
销售单价(元/件)	11	26
单位变动成本(元/件)	8	22

要求：利用差量分析法对该企业应该生产哪种产品进行决策。

3. 某公司原生产甲产品，现利用剩余生产能力开发乙产品或丙产品，固定成本18 000元，其他有关资料如表5-3所示。

表5-3 三种产品资料表

项 目	甲产品	乙产品	丙产品
销售量（件）	3 000	1 000	1 400
销售单价（元/件）	50	90	70
单位变动成本（元/件）	30	65	48

要求：

(1) 进行开发乙或丙产品的决策。

(2) 如果开发乙产品会导致甲产品减产1/3，开发丙产品会使甲产品减产1/2，进行开发乙产品或丙产品的决策。

4. 某企业生产甲产品，有两种工艺方案可供选择，其中：A方案固定成本总额为500 000元，变动成本为400元；B方案固定成本总额为300 000元，变动成本为500元。

要求：

(1) 计算成本无差别点的产量。

(2) 若预计产量为3 000件，判断应该采用哪一种工艺方案。

5. 某企业生产A产品预计需要零件18 000个，如外购每个进价60元，如自制每个零件直接材料费30元，直接人工费20元，变动制造费用8元，固定制造费用6元，合计64元。

要求：进行零件自制或外购的决策。

6. 假定上题中自制零件方案需增添专用设备两台，每台价值100 000元，使用期限5年，假定没有残值，按直线法进行折旧，每年为400 000元。

要求：判断该企业零部件应该自制还是外购。

7. 某企业制造和销售一种产品甲，该产品的年设计生产能力为20 000件，每件销售价格为136元，其单位成本的数据如下：直接材料40元，直接人工32元，变动制造费用16元，固定制造费用24元，单位成本合计112元。该企业目前按照正常需求量进行生产，还有35%的剩余生产能力未被利用。现有一客户要求订6 000件产品甲，每件只出价100元，而且该项订货在款式上还有特殊要求，需购置一台专用设备，价值为4 000元，该设备无残值。

要求：根据上述材料用相关损益分析法作出是否接受该项特殊订单的决策。

8. 某企业生产A、B、C、D四种联产品，月产A产品2 200吨，B产品1 100吨，C

产品2 000吨,D产品1 000吨;发生原料及加工费用等联合成本500 000元。四种产品的单价分别为400元、300元、200元和100元,其中,A、B两种产品可进一步加工成E产品2 000吨和F产品1 000吨,售价分别为650元和700元;同时分别增加变动成本200 000元和100 000元,固定成本300 000元和200 000元。

要求:作出A、B两种联产品是否进一步加工的决策。

(六)案例分析题

康师傅是一家制造方便面的著名公司,1992年,当康师傅开始上碗面生产线时,并不自己生产面碗,而是向当时全国仅有的北京一家方便面专用碗生产公司订购。不料在既定送货日,该面碗生产商却将这批面碗卖给了康师傅的竞争对手"统一"。尽管如此,康师傅还是不得不继续向该公司订货,但供货数量和供货日期却无法保证,导致生产时断时续,为了摆脱受制于供应商的局面,康师傅成立了自己的面碗厂。

进入21世纪以后,市场已经今非昔比。国内包装行业迅速发展。此时康师傅自己的包装公司与外部包装商相比,在质量、技术、成本、时效方面的优势已经不明显了。1998年,康师傅因资金问题转让部分股权,主业开始萎缩,配套厂开始因产能过剩而接受外部订单,配套事业部的贡献额降低,影响了总体投资报酬率。

要求:

(1)分析康师傅在自制或外购的决策中是否只考虑成本因素?是否还需要考虑其他因素?

(2)进入21世纪后,康师傅应如何考虑自制或外购的决策?

四、复习题参考答案

(一)思考题

(略)

(二)判断题

1.(×) 2.(×) 3.(×) 4.(×) 5.(×) 6.(√) 7.(√) 8.(×)
9.(×) 10.(×)

(三)单项选择题

1.(D) 2.(D) 3.(D) 4.(B) 5.(A) 6.(B) 7.(C) 8.(A)
9.(D) 10.(D)

(四)多项选择题

1.(ACD) 2.(ABD) 3.(ABC) 4.(BCD) 5.(BC) 6.(BC)
7.(ABCD) 8.(CD) 9.(BCD) 10.(ACD)

(五)业务题

1. 解:A产品单位机时边际贡献 = (100 − 50)/40 = 1.25

B产品单位机时边际贡献 $=(60-30)/20=1.5$

C产品单位机时边际贡献 $=(30-12)/10=1.8$

由以上计算可知,应优先安排C产品,其次安排B产品,最后安排A产品。

$40\ 000-600\times10=34\ 000$(机时)

$34\ 000-20\times700=20\ 000$(机时)

$20\ 000/40=500$(件)

该新产品开发决策顺序依次为C产品600件,B产品700件,最后安排A产品500件。

2. B产品与A产品差量收入 $=26\times500-11\times1\ 000=2\ 000$(元)

　　差量成本 $=22\times500-8\times1\ 000=3\ 000$(元)

　　差量损益 $=2\ 000-3\ 000=-1\ 000$(元)

以上计算表明,生产B产品比生产A产品要损失1 000元,所以应生产A产品。

3. (1) 开发乙产品边际贡献 $=1\ 000\times(90-65)=25\ 000$(元)

　　　开发丙产品边际贡献 $=1\ 400\times(70-48)=30\ 800$(元)

　　　开发乙产品边际贡献<开发丙产品边际贡献,所以开发丙产品更有利。

(2) 开发乙产品获利 $=1\ 000\times(90-65)-3\ 000\times20\times1/3=5\ 000$(元)

　　　开发丙产品获利 $=1\ 400\times(70-48)-3\ 000\times20\times1/2=800$(元)

　　　开发乙产品获利>开发丙产品获利,开发乙产品更有利。

4. (1) 设成本无差别点产量为 x:

$500\ 000+400x=300\ 000+500x$

$x=2\ 000$(件)

(2) 当产量为3 000件时:

A方案成本 $=500\ 000+400\times3\ 000=17\ 000$(元)

B方案成本 $=300\ 000+500\times3\ 000=18\ 000$(元)

A方案成本<B方案成本,选A方案有利。

5. 自制零件成本 $=18\ 000\times(30+20+8)=1\ 044\ 000$(元)

外购零件成本 $=18\ 000\times60=1\ 080\ 000$(元)

自制成本<外购成本,因此应选择自制。

6. 设年需零件个数为 x:

自制零件成本 $=40\ 000+58x$

外购零件成本 $=60x$

$40\ 000+58x=60x$　　$x=20\ 000$(个)

当零件个数>20 000时,自制成本小于外购成本,以自制为好。

当零件个数<20 000时,自制成本大于外购成本,宜外购。

7. 剩余生产能力 = 20 000 × 35% = 7 000(件)

客户订购 6 000 件产品完全可以利用剩余生产能力进行生产,因而不会增加固定成本。

编制相关损益项目如下:

相关收入(6 000 × 100)		600 000 元
相关成本		
直接材料(6 000 × 40)	240 000 元	
直接人工(6 000 × 32)	192 000 元	
变动制造费用(6 000 × 16)	96 000 元	
专属成本	4 000 元	532 000 元
相关损益		68 000 元

接受该特殊订单,可获 68 000 元利润,应接受该订单。

8. A 产品继续加工分析:

差量收入(650 × 2 000 − 400 × 2 200)		420 000 元
可分成本(差量成本)		
追加变动成本	200 000 元	
追加固定成本	300 000 元	
可分成本合计		500 000 元
差量损失		80 000 元

由以上计算可知,继续加工 A 产品将减少利润 80 000 元,应立即出售。

B 产品继续加工分析:

差量收入(700 × 1 000 − 300 × 1 100)		370 000 元
可分成本(差量成本)		
追加变动成本	100 000 元	
追加固定成本	200 000 元	
可分成本合计		300 000 元
差量利润		70 000 元

由以上计算可知,继续加工 B 产品将增加利润 70 000 元,应该进一步加工 B 产品。

(六) 案例分析题

(1)康师傅的自制或外购决策——绝不仅仅是成本的考虑。在进行自制或外购的决策时,除了比较成本外,还需要考虑决策对企业整体战略的影响。

20 世纪 90 年代初期,国内包装市场的专业化服务还很不发达,质量不高,市场交易成本大,康师傅自己完成配套业务,实现一体化经营,从战略层面上解决了外包装的配套供应的数量、质量和稳定性,并降低了整体成本,取得了巨大的成功。

(2) 进入 21 世纪以后,市场已经今非昔比,国内包装行业迅速发展。此时康师傅自己的包装公司与外部包装商相比,在质量、技术、成本、时效方面的优势已经不明显了。1998 年,康师傅因资金问题转让部分股权,主业开始萎缩,配套厂开始因产能过剩而接受外部订单,配套事业部的贡献额降低,影响了总体投资报酬率。因此,从整体战略考虑,康师傅应按成本孰低原则选择外购而非自制。

第六章 长期投资决策

一、内容的概要解析

(一) 长期投资的特征

企业对内进行的生产性资本投资简称资本投资。资本投资管理的主要内容,是通过投资预算的分析与编制对投资项目进行评价,因此也称为"投资项目分析与评价"。企业的生产性资本投资与其他类型的投资相比,主要有以下两个特点:

(1) 投资的主体是企业。

(2) 投资的对象是生产性资本资产。

投资按其对象可以划分为生产性资产投资和金融性资产投资。

生产性资产又进一步分为资本资产和营运资产。资本资产是指企业的长期资产。资本资产的投资对企业的影响涉及时间长,又称为长期投资,是本章研究的重点。营运资产是指企业的流动资产。流动资产投资对企业的影响涉及时间短,又称为短期投资。

金融资产的典型表现形式是所有权凭证,例如股票和债券,正因如此,金融资产也称为"证券"。证券投资人提供的资金,交给企业之后,企业再投资于生产性资产。证券投资是一种间接投资,投资人把现金让渡给别人支配并换取某种所有权凭证,以期获取最终收益。

(二) 长期投资的主要类型

长期投资项目可以分为五大类:

(1) 新产品开发或现有产品的规模扩张。这种决策通常需要添置新的固定资产,并增加企业的营业现金净流量。

(2) 设备或是厂房等建筑物的更新。这种决策通常需要更换固定资产,但不改变企业的营业现金净流量。

(3) 研究与开发。这种决策通常不直接产生现实的收入,而得到一项是否投产某种新产品的选择权。

(4) 勘探。这种决策通常使企业得到一些有价值的信息。

(5) 其他。包括劳动保护设施建设、购置污染控制装置等。这些决策不直接产生营业现金净流量,而使企业在履行社会责任方面的形象得到改善。它们有可能减少未来的现金流出量。

这些投资项目的现金流量分布有不同的特征,分析的具体方法也有区别。最具一般意义的是第一类的投资即新添置固定资产的投资项目。

(三)长期投资的管理程序

对任何投资机会的评价都包括以下几个基本步骤:

(1)提出各种投资方案。新产品的方案通常来自营销部门,设备更新的建议通常来自生产部门等。

(2)估计方案的相关现金流量。

(3)计算投资方案的价值指标,如净现值、净现值率、现值指数和内含报酬率等

(4)价值指标与可接受的标准进行比较。

(5)对已接受的方案进行再评价。即对投资项目进行跟踪评价和审计。项目的事后评价可以告诉我们预测的偏差(预测在什么地方脱离了实际),改善财务控制的线索(执行中有哪些地方出了问题),有助于指导未来决策(哪类项目值得实施或不值得实施)。

(四)长期投资评价的基本原理

长期投资项目评价的基本原理是:投资项目的收益率超过资本成本时,企业的价值将增加;投资项目的收益率小于资本成本时,企业的价值将减少。

这一原理涉及资本成本、项目收益与股价(股东财富)之间的关系。

投资者要求的收益率即资本成本,是评价项目能否为股东创造价值的标准。

(五)长期投资项目评价的基本方法

长期投资主要包括固定资产投资和无形资产投资。固定资产投资决策的一些基本方法,一般都适用于无形资产的投资管理。与流动资产相比,固定资产投资金额大,回收时间长、投资次数相对较少;固定资产变现能力较差,其投资具有不可逆转性;固定资产投资风险较大;固定资产投资的实物更新与价值补偿相分离;固定资产投资资金相对稳定。

对长期投资项目评价时,使用的指标分为两类:一类是贴现指标,即考虑了时间价值因素的指标,主要包括净现值、现值指数、内含报酬率等。另一类是非贴现指标,即没有考虑时间价值因素的指标,主要包括静态投资回收期、投资报酬率等。根据分析评价指标的类别,长期投资项目评价分析的方法,也被分为贴现的分析评价方法和非贴现的分析评价方法两种。

1.贴现的分析评价方法

贴现的分析评价方法,是指考虑货币时间价值的分析评价方法,亦被称为贴现现金流量分析技术。现金流量指投资项目从筹建、设计、施工、正式投产使用直至报废为止的整个期间内引起的现金流入和现金流出数量。

现金流入量包括投产后每年可增加的营业收入、余值收入(残值收入或者变现收

入)、项目结束时收回的营运资金。现金流出量包括建设投资、流动资金投资、经营成本、各项税款和其他。

（1）净现值法。这种方法使用净现值作为评价方案优劣的指标。净现值（net present value，NPV)是投资项目投入使用后的净现金流量按资金成本率或企业要求达到的报酬率折合为现值，减去原始投资额现值以后的余额，也即从投资开始至项目寿命终结时所有一切现金流量（包括现金流出量和现金流入量）的现值之和。在单一方案的可否决策中，净现值大于零则采纳，否则就放弃。多个方案的择优决策中，应采用净现值最大的方案。

净现值法考虑了时间价值，能够反映各种投资方案的净收益，具有广泛的适用性，在理论上也比其他方法更完善。但净现值并不能揭示各个方案本身可能达到的实际报酬率。净现值法应用的主要问题是如何确定贴现率，一种方法是根据资金成本来确定，另一种方法是根据企业要求的最低资金利润率来确定。前一种方法，由于计算资金成本比较困难，故限制了其应用范围；后一种方法根据资金的机会成本，即一般情况下可以获得的报酬来确定，比较容易解决。

（2）现值指数法。使用现值指数作为评价方案的指标。所谓现值指数（PI)，是未来现金流入现值与现金流出现值的比率，亦称现值比率、获利指数、贴现后收益成本比率等。单一方案的可否决策中，现值指数大于或等于1则采纳，否则放弃。多个方案的择优决策中，应采用现值指数超过1，并且最大的方案。现值指数法考虑了资金的时间价值，有利于在初始投资额不同的投资方案之间进行对比，可以进行独立投资机会获利能力的比较。

（3）内含报酬率法。内含报酬率法是根据方案本身的内含报酬率来评价方案优劣的一种方法。所谓内含报酬率，是指能够使未来现金流入量现值等于未来现金流出量现值的贴现率，或者说是使投资方案净现值为零的贴现率。净现值法和现值指数法虽然考虑了时间价值，可以说明投资方案高于或低于某一特定的投资报酬率，但没有提示方案本身可以达到的具体的报酬率是多少。内含报酬率是根据方案的现金流量计算的，是方案本身的投资报酬率。

（4）内含报酬率与净现值法、现值指数法的比较。

首先，净现值法根据绝对数评价方案，而内含报酬率与现值指数法都是根据相对比率来评价方案，绝对数指标不便于投资规模不同的投资项目之间的比较，而相对数指标可以解决这个问题。但需注意，比率高的方案，其绝对数不一定大；反之也一样。如果两个方案是互斥的，应选择绝对数大的方案；如果两个方案是相互独立的，应先安排相对数大的方案，资金充足时再安排相对数较低的方案。

其次，内含报酬率和现值指数法有相似之处，都是根据相对比率来评价方案，而不像净现值法那样使用绝对数来评价方案。在评价方案里要注意，比率高的方案绝对数不一定大;反之也一样。

内含报酬率与现值指数法也有区别。内含报酬率法不必事先选择贴现率,而是根据计算出来的内含报酬率排列独立投资方案的先后次序,只是最后需要一个切合实际的资金成本或投资报酬率来判断方案是否可行。而现值指数法需要一个适合的贴现率将现金流量折为现值,贴现率的高低会影响方案的先后次序,并且计算结果没有揭示方案本身所能达到的收益能力具体有多高。

2. 非贴现的分析评价方法

非贴现的分析评价方法不考虑时间价值,把不同时间的货币收支看成是等效的。这些方法在选择方案时起辅助作用,包括静态投资回收期法和投资利润率法。

二、背景资料

长期投资决策(capital investment decisions)涉及制订计划、确定目标和优先顺序、安排融资以及根据某种标准选择长期资产的过程。因为长期投资决策使大量的资源在相当长的时期内处于风险之中,同时影响到公司的未来发展,所以这种决策在管理者所做的决策中是最重大的决策之一。任何组织的资源都是有限的,所以应该确保资源的使用能维持或提高组织的长期盈利能力。不良的长期投资决策可能导致灾难性的后果。例如,当竞争对手纷纷投资于新型的生产流水线生产高性能、高质量的产品,而公司没有进行类似投资时,公司在市场占有率上就会遭受重大损失,因为它在产品质量、成本和送货时间上缺乏竞争力。拥有更现代化设施的竞争对手可以以更低的成本和更高的质量生产出更多的产品。所以,制定正确的资本投资决策对组织的长期生存绝对是至关重要的。

制定长期投资决策的过程通常被称为资本预算(capital budgeting)。教材中介绍两类资本预算方案:独立项目和互斥项目。独立项目(independent projects)是指无论被接受还是不接受,都不影响其他项目现金流量的项目。第二类资本预算项目需要公司在那些能提供相同的基本服务的竞争性方案中做出选择。接受一种方案就会排除接受其他方案的可能。这样,某种方案被采纳,就会排除接受其他竞争性方案,则这些方案称为互斥项目(mutually exclusive projects)。公司很可能在现有系统的基础上还要研究不同类型的新系统,如果存在两种类型的新系统都有一定的优势,将产生三个备选方案,即现有系统和潜在的两种新系统。一旦某种系统被选定,其余两种系统就被排除,因为它们是互斥的。

有一种备选方案是维持现状,这就说明,取代现存投资的新投资必须能证明从经济角度上考虑更为优越。当然,有些时候,如果公司要维持经营的话,旧系统的更换具有强制性质,并非可以自由决定(例如旧系统中设备造成环境污染或已经损坏,无法继续使用)。在这种情况下,停业或许是一个可行方案,特别是没有可获利的新投资方案(改建或投资新的系统)时更是这样。

长期投资决策经常和长期资本资产的投资有关。除土地外,这些资产在其寿命期内均会计提折旧。随着资产的使用,初始投资逐渐耗尽。一般来说,一项合理的长期投资在其寿命期内可以收回初始的资本支出额,同时获得合理的投资回报。因此,判断某项资本投资能否收回初始支出并提供合理的投资回报,就成为决策者的任务之一。通过这种评估,经理人员可以确定独立方案是否可以接受,并根据经济效益的优劣,比较各种备选方案。

为了进行资本投资决策,决策者必须估计项目的现金流量的数量和时间分布,评价投资风险,考虑项目对公司盈余的影响,而最困难的也是最重要任务是估计现金流量。必须预测未来若干年的情况,随着现金流量预测准确性的提高,决策的可靠性也将增加。决策者在预测现金流量时,必须对投资方案带来的好处加以确认和量化。预测未来现金流量是长期投资过程的关键部分,在预测出现金流量的前提下,就可以进行长期投资决策了。

对于资本投资决策,管理者必须制定目标和优先顺序,还必须为投资方案的取舍制定一些基本标准。这在教材第三节长期投资决策评价指标的运用中加以介绍。

阅 读 文 献

[1] 唐·汉森,玛丽安娜·莫温. 管理会计[M]. 8 版. 北京:北京大学出版社,2010.

[2] 吴大军. 管理会计[M]. 2 版. 大连:东北财经大学出版社,2010.

[3] 吴大军. 管理会计习题与案例[M]. 2 版. 大连:东北财经大学出版社,2010.

[4] 单昭祥,等. 新编现代管理会计学[M]. 大连:东北财经大学出版社,2010.

[5] 单昭祥,等. 新编现代管理会计学辅导与练习[M]. 大连:东北财经大学出版社,2009.

[6] 杨学富,等. 管理会计实训教程[M]. 2 版. 大连:东北财经大学出版社,2010.

[7] 李天民. 管理会计习题与解答[M]. 2 版. 上海:立信会计出版社,1999.

[8] 王庆成. 财务管理学[M]. 大连:东北财经大学出版社,2010.

三、复习题

(一)思考题

1. 论述长期投资决策中使用现金流量的原因。

2. 试述长期投资决策的一般程序。

3. 为什么在投资决策中进行敏感性分析?

4. 什么是投资项目的独立方案?怎样评价独立方案的财务可行性?

5. 什么是多个互斥方案的比较决策？可采用哪些决策方法？它们分别适用于什么条件？在多个互斥方案的比较决策的不同方法下,应分别根据什么指标作出最终决策?

(二) 判断题

1. 终结现金净流量是指投资项目终结时即经营期最后一年年末所产生的现金净流量,包括营业现金净流量和回收额。　　　　　　　　　　　　　（　　）

2. 内含报酬率的大小与给定的折现率无关。　　　　　　　　　　（　　）

3. 净现值大于零,必有内含报酬率大于折现率,现值指数大于0。　（　　）

4. 投资利润率是投资项目在经营期年均现金净流量与投资总额的比率。（　　）

5. 复利终值系数与复利现值系数之和等于1。　　　　　　　　　　（　　）

6. 现金净流量是以权责发生制为基础进行计算的。　　　　　　　（　　）

7. 如果某期累计的现金净流量之和等于零,则该期所对应的年数就是包括建设期的静态投资回收期。　　　　　　　　　　　　　　　　　　　（　　）

8. 如果某投资方案的净现值指标大于零,则可以据此断定该方案的静态投资回收期一定小于基准回收期。　　　　　　　　　　　　　　　　　　（　　）

9. 年等额净回收额法适用于原始投资不相同,特别是项目计算期不同的多方案比较决策。　　　　　　　　　　　　　　　　　　　　　　　　　（　　）

10. 在更新改造投资项目的决策时,如果差额投资内含报酬率小于设定的折现率,就应该进行更新改造。　　　　　　　　　　　　　　　　　　　（　　）

11. 无论是计算期最小公倍数法还是最短计算期法,都需要在已经计算出来的各个互斥方案的净现值的基础上进行调整,然后根据每个方案调整后的净现值的大小作出最终决策。　　　　　　　　　　　　　　　　　　　　（　　）

12. 进行长期投资决策敏感性分析,需要计算有关因素变动对净现值和内含报酬率的影响程度和有关因素的变动极限。　　　　　　　　　　　　　（　　）

(三) 单项选择题

1. 下列属于长期投资决策中的静态评价指标的是(　　　)。

　　A. 内含报酬率　B. 年均净现值　C. 净现值　　　D. 投资利润率

2. 不会对内含报酬率指标产生影响的因素是(　　　)。

　　A. 原始投资　　B. 现金流量　　C. 项目计算期　D. 设定折现率

3. 能够从动态角度直接反映投资项目实际收益率水平的是(　　　)。

　　A. 净现值　　　B. 净现值率　　C. 内含报酬率　D. 现值指数

4. 下列说法中,正确的是(　　　)。

　　A. 复利终值系数与复利现值系数互为倒数

　　B. 年金终值系数与年金现值系数互为倒数

C. 递延年金有现值,无终值

D. 永续年金既无现值,也无终值

5. 关于净现值,下列不正确的说法是:在项目计算期内,按行业基准收益率或其他设定的折现率计算的(　　)。

    A. 各年现金净流量现值的代数和

    B. 各年现金流入量现值之和减去各年现金流出量现值之和的差额

    C. 建设期各年现金净流量现值加上经营期各年现金净流量现值之和

    D. 经营期各年现金流量现值之和加上原始投资

6. 在对某一投资项目进行评价时,得到以下数据:当折现率为10%时,净现值为2.918万元;当折现率为12%时,净现值为-1.450万元。那么,该项目的内含报酬率为(　　)。

    A. 11.9%　　　　B. 11.3%　　　　C. 11%　　　　D. 9.8%

7. 某投资项目年营业收入为200万元,年付现成本为100万元,年折旧额为40万元,所得税税率为25%,则该方案年经营现金净流量为(　　)万元。

    A. 85　　　　　B. 115　　　　　C. 45　　　　　D. 60

8. 当某投资方案的净现值大于零时,内含报酬率(　　)。

    A. 大于折现率　　B. 小于折现率　　C. 等于折现率　　D. 多种可能

9. 当内含报酬率大于给定的折现率时,现值指数(　　)。

    A. 大于1　　　　B. 小于1　　　　C. 等于1　　　　D. 有多种可能

10. 在下列评价指标中,在一定范围内越小越好的指标是(　　)。

    A. 净现值　　　　　　　　　　B. 现值指数

    C. 静态投资回收期　　　　　　D. 内含报酬率

11. 当净现值为正数时,现值指数(　　)。

    A. 大于1　　　　B. 小于1　　　　C. 等于1　　　　D. 小于0

12. 在其他因素不变的条件下提高折现率,则下列指标中,数值将会变小的是(　　)。

    A. 静态投资回收期　　　　　　B. 内含报酬率

    C. 投资利润率　　　　　　　　D. 净现值

(四)多项选择题

1. 长期投资的主要特点有(　　)。

    A. 时间长　　　B. 耗资多　　　C. 风险大　　　D. 变现能力差

    E. 分次投入,一次收回

2. 影响长期投资决策的重要因素包括(　　)。

    A. 现金净流量　　　　　　　　B. 货币时间价值

C. 投资风险价值   D. 资本成本

  E. 项目计算期

3. 对于给定的折现率 i,如果净现值 >0,则必有(   )。

  A. 内含报酬率 $>i$ B. 内含报酬率 $<i$

  C. 现值指数 >1 D. 现值指数 <1

  E. 经营期各年现金净流量的现值之和大于原始投资的现值之和

4. 下列关于内含报酬率的表述中,正确的有(   )。

  A. 它是确定投资项目本身达到的实际报酬率

  B. 它是投资者要求的最低报酬率

  C. 以它为折现率的净现值为零

  D. 以它为折现率的现值指数为1

  E. 它是使各年现金流量的现值之和等于零时的折现率

5. 若内含报酬率等于给定的折现率,则必有(   )。

  A. 净现值为零   B. 净现值大于零

  C. 现值指数为零   D. 现值指数为1

  E. 经营期现金流量的现值等于原始投资的现值之和

6. 利用评价指标对单一项目可行与否进行决策时,能够得出完全相同的结论的指标有(   )。

  A. 净现值   B. 净现值率   C. 现值指数   D. 内含报酬率

  E. 投资利润率

7. 利用评价指标对常规方案下单一项目可行与否进行决策时,如果净现值率大于零,则表明该方案(   )。

  A. 净现值大于零   B. 现值指数大于1

  C. 内含报酬率大于折现率   D. 具备财务可行性

  E. 静态投资回收期小于基准回收期

8. 在进行互斥方案选优决策中,各个备选方案必须同时满足的前提条件有(   )。

  A. 净现值 $\geqslant 0$ B. 现值指数 $\geqslant 1$

  C. 内含报酬率 $<$ 基准收益率   D. 静态投资回收期 $\leqslant$ 基准回收期

  E. 净现值率 $\geqslant 0$

9. 已知在甲、乙、丙、丁四个项目投资方案中,甲方案的决策与其他方案之间没有任何关系,在乙方案和丙方案之间只能选择其中一个方案,丙方案需要以丁方案为前提。据此可以判定(   )。

  A. 甲方案属于单一独立方案   B. 乙方案与丙方案属于互斥方案

  C. 丙方案与丁方案属于互斥方案   D. 乙方案与丙方案属于组合方案

E. 丙方案与丁方案属于组合方案

10. 下列方法中,可用于原始投资额不同且项目计算期也不相同的多个互斥方案比较决策的有(　　)。

A. 净现值法
B. 净现值率法
C. 年等额净回收额法
D. 差额内含报酬率
E. 最短计算期法

11. 下列方法中,可用于原始投资额相同且项目计算期也相同的互斥投资方案比较决策的有(　　)。

A. 净现值法
B. 净现值率法
C. 年等额净回收额法
D. 差额内含报酬率
E. 最短计算期法

12. 下列各项与现值指数有关的表述中,正确的说法有(　　)。

A. 当原始投资在建设期内全部投入时,现值指数减去1等于净现值率
B. 现值指数等于净现值占原始投资的现值合计的百分比
C. 现值指数指标无法直接反映项目的实际收益率
D. 现值指数的大小受行业基准折现率的影响
E. 现值指数指标是一个动态的相对数正指标

(五) 业务题

1. 假定某公司决定从今年留存收益中计提 400 000 元进行投资,希望 5 年后能得到 1 000 000 元用来对原生产设备进行大修。

要求:判断该公司在选择投资项目时,其可接受的投资报酬率最低是多少。

2. 某企业 2012 年 1 月 1 日从银行取得 8 年期、年利率 6%(单利计息)的长期借款 8 000 万元,用于项目投资,预计 3 年后投产。借款合同规定,项目建成后,从第四年开始到第八年,每年年末要存入银行等额款项。存款年利率为 4%。借款到期后,存款本利和恰好等于借款本利和。

要求:计算每年存款金额应为多少。

3. 某人拟购置一套房屋,房产公司提出两个付款方式可供选择:一是付现款,需 80 万元;二是分期付款,首付 10 万元,以后每年年末各付款 8 万元,连续 10 年,资金成本率 5%。

要求:选择一个对购房者有利的方案。

4. 某公司拟投产一种新产品,需要购置一台专用设备,价款 900 000 元,税法规定采用直线法计提折旧,预计使用 5 年,期末不计残值。该产品预计销售单价为每件 30 元,单位变动成本为 20 元,每年不包括折旧费的固定成本为 600 000 元,所得税税率为 25%,要求的最低报酬率为 12%。

要求：以净现值为评价标准,计算年平均销售量至少达到多少,购置设备才可行。

5. 某企业年初申请到贷款 10 000 万元,贷款合同约定 4 年内每年年末等额偿还贷款,贷款年利率为 14%。

要求：计算并填写表 6-1。(要求精确到万元)

表 6-1 还款指标计算表

	第一年年初	第一年年末	第二年年末	第三年年末	第四年年末
贷款余额	10 000				
每年末还款额	—				
还款额中的本金	—				
还款额中的利息	—				

6. 某公司一项固定资产项目需要投入价款 100 万元。资金来源系年利率为 10% 的银行借款,项目建设期为 1 年,发生资本化利息 10 万元。该项固定资产可使用 10 年,按直线法折旧,期满净残值为 10 万元。投产时,垫支流动资金 20 万元。投入使用后,可使经营期每年取得产品销售收入 80 万元,每年付现成本 45 万元。该企业所得税税率为 25%。

要求：

(1) 计算各年现金净流量。

(2) 计算静态投资回收期。

(3) 若折现率为 10%,计算净现值,并评价该项目是否可行。

7. 已知甲项目的净现值为 1 000 万元,项目计算期为 10 年；乙项目的净现值为 1 100 万元,项目计算期为 15 年。公司基准收益率为 12%。

要求：

(1) 利用计算期最小公倍数法对互斥的甲项目和乙项目作出选择。

(2) 利用最短计算期法对互斥的甲项目和乙项目作出选择。

8. 某企业计划进行某项投资活动,拟有甲、乙两个备选方案。有关资料为：甲方案需原始投资 150 万元,其中固定资产投资 100 万元,流动资金投资 50 万元,全部资金于建设起点一次投入。该项目经营期 5 年,到期残值收入 5 万元。预计投产后年营业收入 90 万元,年总成本 60 万元。乙方案需要原始投资 210 万元,其中固定资产投资 120 万元,无形资产投资 25 万元,流动资产投资 65 万元,全部资金于建设起点一次投入。该项目建设期 2 年,经营期 5 年,到期残值收入 8 万元,无形资产自投产年份起分 5 年摊销完毕。该项目投产后,预计年营业收入 170 万元,年付现成本 80 万元。该企业按直线法折旧,全部流动资金于终结点一次回收,所得税税率为 25%,

折现率为 10%。

要求：

（1）计算甲、乙两个方案的净现值。

（2）采用年均净现值确定该企业究竟应选哪一方案？

9. 小王最近参加工作，2012 年 1 月 1 日是他 25 岁生日。他打算从 2012 年开始每年年末支付相等金额的现金为自己购买一份养老保险，连续支付 35 年，使得 60 周岁退休后能连续 20 年每年年末从保险公司取得 20 000 元的退休金。假定小王退休后可取得的退休金折合为其退休日的现值合计等于截至小王退休日其每年年末支付相等金额养老保险金的终值合计，每年利率按固定利率 6% 计算。已知：

$(F/A, 6\%, 20) = 36.785\,6$，$(F/A, 6\%, 35) = 111.434\,8$，$(F/A, 6\%, 36) = 119.121\,0$
$(P/A, 6\%, 20) = 11.469\,9$，$(P/A, 6\%, 35) = 14.498\,2$，$(P/A, 6\%, 36) = 14.621\,0$

要求：

（1）计算小王退休后可取得的退休金总数和这些退休金折合为截至其退休时的现值合计。

（2）判断截至小王退休日其每年年末支付相等金额养老保险金的终值合计是多少。

（3）计算小王退休前每年年末支付相等金额的养老保险金和截至小王退休时他所支付养老保险金的合计。

（4）假定小王打算将退休前每年支付的养老保险金由年末支付改为年初支付，计算应该付多少。

10. 某企业计划进行一项投资活动，拟有甲、乙两个方案可以从中选择，有关资料为：

甲方案固定资产原始投资 100 万元，全部资金于建设起点一次投入，该项目经营期 8 年，到期无残值，预计投产后年营业收入 90 万元，年营运成本 60 万元。

乙方案固定资产原始投资 120 万元，固定资产投资所需资金专门从银行借款取得，年利率为 8%，期限为 12 年，利息每年年末支付，该项目在第 2 年年末达到预定可使用状态。在该项目投资前每年流动资金需要量为 65 万元，预计在该项目投资后的第 2 年年末及未来每年流动资金需要量为 95 万元；另外，为了投资该项目需要在第二年年末支付 20 万元购入一项商标权，固定资产投资于建设起点一次投入。该项目预计完工投产后使用年限为 10 年，到期残值收入 8 万元，商标权自投产年份起按经营年限平均摊销。该项目投产后，预计年营业收入 170 万元，年经营成本 80 万元。

该企业按直线法提折旧，全部流动资金于终结点一次回收，所得税税率 33%，该企业要求的最低投资报酬率为 10%。

要求：

(1) 计算乙方案的年折旧额。

(2) 计算乙方案的年息税前利润和年净利润。

(3) 计算甲、乙方案的各年现金净流量。

(4) 计算甲方案的内含报酬率。

(5) 计算甲、乙方案的净现值。

(6) 计算甲、乙方案的年等额净回收额。

(7) 根据计算期最小公倍数法对甲、乙方案进行评价。

(8) 根据最短计算期法对甲、乙方案进行评价。

(六) 案例分析题

1. 假定某公司原有一条生产流水线系 4 年前购入，总投入为 200 000 元，税法规定按直线法计提折旧，期满不计残值，估计尚可使用 6 年，已提折旧 80 000 元，账面折余价值为 120 000 元。如继续使用旧生产流水线每年可获营业收入额 298 000 元，每年付现的直接材料、直接人工和变动制造费用等营业成本为 226 000 元。现该公司为了提高产品的产量和质量，准备更换成一条新的生产流水线，约需价款 300 000 元，估计可使用 6 年，期满估计有残值 15 000 元。购入新生产流水线时，变卖旧生产流水线可得 70 000 元。使用新主机后，每年可增加营业收入 50 000 元；同时每年可节约付现的营业成本 10 000 元。若该公司的资本成本为 12%，公司所得税税率为 25%。

要求：采用净现值法和内含报酬率法，为公司作出是继续使用旧的生产流水线，还是使用新的生产流水线的决策分析。

2. 某公司正面临印刷设备的选择决策。它可以购买 10 台甲型设备，每台价格 8 000 元，且预计每台设备每年年末支付的修理费为 2 000 元。甲型设备将于第四年年末更换，预计无残值收入。另一个选择是购买 11 台乙型设备来完成同样的工作，每台价格 5 000 元，每台每年年末支付的修理费用分别为 2 000 元、2 500 元、3 000 元。乙型设备需于 3 年后更换，在第三年年末预计有 500 元/台的残值变现收入。

该公司此项投资的机会成本为 10%；所得税税率为 30%(假设该公司将一直盈利)，税法规定的该类设备折旧年限为 3 年，残值率为 10%；预计选定设备型号后，公司将长期使用该种设备，更新时不会随意改变设备型号，以便与其他作业环节协调。

要求：分别计算采用甲型、乙型设备的平均年成本，并据此判断应当购买哪一种设备。

四、复习题参考答案

(一) 思考题

(略)

（二）判断题

1.（√）　2.（√）　3.（×）　4.（×）　5.（×）　6.（×）　7.（√）　8.（×）

9.（√）　10.（×）　11.（√）　12.（√）

（三）单项选择题

1.（D）　2.（D）　3.（C）　4.（A）　5.（D）　6.（B）　7.（A）　8.（A）

9.（A）　10.（C）　11.（A）　12.（D）

（四）多项选择题

1.（ABCD）　2.（ABCDE）　3.（ACE）　4.（ACDE）　5.（ADE）

6.（ABCD）　7.（ABCD）　8.（ABE）　9.（ABE）　10.（CE）　11.（AB）

12.（ACDE）

（五）业务题

1. 解：$1\,000\,000 = 400\,000\,(F/P, i, 5)$　　$(F/P, i, 5) = 2.5$

查复利终值系数表得到，$(F/P, 20\%, 5) = 2.488\,3$，$(F/P, 24\%, 5) = 2.931\,6$

根据插值法得到：

$$i = 20\% + \frac{2.5 - 2.488\,3}{2.931\,6 - 2.488\,3} \times (24\% - 20\%) = 20.11\%$$

该公司投资项目的报酬率至少要达到 20.11%，才能保证 5 年后有足够的资金对原设备进行大修。

2. 解：$8\,000 \times (1 + 6\% \times 8) = A \times (F/A, 5\%, 10)$　　$11\,840 = A \times 5.416\,3$

$A = 2\,186$（元）

每年存款金额应为 2 186 元。

3. 解：方法一：现在付款 80 万元

分期付款的现值 $= 10 + 8 \times (P/A, 5\%, 10) = 10 + 8 \times 7.722 = 71.776$（万元）

分期付款的现值 71.776 万元小于现购 80 万元，所以分期付款较合适。

方法二：现在付款的终值 $= 80 \times (F/P, 5\%, 10) =$

$$80 \times 1.628\,9 = 130.312（万元）$$

分期付款的终值 $= 10 \times (F/P, 5\%, 10) + 8 \times (F/A, 5\%, 10) =$

$$10 \times 1.628\,9 + 8 \times 12.578 = 116.913（万元）$$

分期付款的终值 116.914 万元小于现在付款的终值 130.32 万元，所以分期付款较合适。

4. 解：设平均每年销量为 X 万件，固定资产年折旧额 $= 90 \div 5 = 18$（万元）

$NCF_0 = -90$（万元）

$NCF_{1\sim5} = [(30 - 20)X - (60 + 18)](1 - 25\%) + 18 = 7.5X - 40.5$

由题意得，

$0 = (7.5X - 40.5)(P/A, 12\%, 5) - 90$　　即：$0 = (7.5X - 40.5) \times 3.6048 - 90$

解得，$X = 8.7289$（万件）

平均每年销量至少达到 8.728 9 万件，该项目才可行。

5. 解：

表 6-2　还款指标计算表

	第一年年初	第一年年末	第二年年末	第三年年末	第四年年末
贷款余额	10 000	7 968	5 652	3 011	0
每年末还款额	—	3 432	3 432	3 432	3 432
还款额中的本金	—	2 032	2 316	2 641	3 011
还款额中的利息	—	1 400	1 116	791	421

6. 解：固定资产年折旧额 $= [(100 + 10) - 10]/10 = 10$（万元）

项目计算期 $n = 1 + 10 = 11$（年）

(1) $NCF_0 = -100$（万元）

$NCF_1 = -20$（万元）

$NCF_{2\sim10} = (80 - 45 - 10) \times (1 - 25\%) + 10 = 28.75$（万元）

$NCF_{11} = 28.75 + 10 + 20 = 58.75$（万元）

(2) 不包括建设期的静态投资回收期：

$PP' = 120 \div 28.75 = 4.17$（年）

包括建设期的静态投资回收期：

$PP = 1 + 4.17 = 5.17$（年）

(3) 净现值：

$NPV = -100 - 20 \times (P/F, 10\%, 1) + 28.75 \times$

$[(P/A, 10\%, 11) - (P/A, 10\%, 1)] + 30 \times (P/F, 10\%, 11) =$

$-100 - 20 \times 0.9091 + 28.75 \times (6.4951 - 0.9091) + 30 \times 0.3505 =$

52.9306（万元）

7. 解：(1) 在计算期最小公倍数下，A、B 项目计算期最小公倍数为 30 年。

甲项目共有计算期的 $NPV = 1000 + 1000 \times (P/F, 12\%, 10) +$

$1000 \times (P/F, 12\%, 20) = 1425.7$（万元）

乙项目共有计算期的 $NPV = 1100 + 1100 \times (P/F, 12\%, 15) =$

1300.97（万元）

A 项目优于 B 项目。

(2) 在最短计算期法下：

甲项目调整后的 $NPV = 1\,000$（万元）

乙项目调整后的 $NPV = [1\,100/(P/A, 12\%, 15)] \times$
$$(P/A, 12\%, 10) = 912.54（万元）$$

应选择乙方案。

8. 解：(1) 甲方案：固定资产年折旧额 $=(100-5) \div 5 = 19$（万元）

$NCF_0 = -150$（万元）

$NCF_{1\sim4} = (90-60) \times (1-25\%) + 19 = 41.5$（万元）

$NCF_5 = 41.5 + 5 + 50 = 96.5$（万元）

$NPV = -150 + 41.5(P/A, 10\%, 5) + 55(P/F, 10\%, 5) =$
$$-150 + 41.5 \times 3.790\,8 + 55 \times 0.620\,9 =$$
$$39.57（万元）大于 0 \qquad 甲方案可行。$$

乙方案：固定资产年折旧额 $=(120-8) \div 5 = 22.4$（万元）

无形资产摊销 $= 25 \div 5 = 5$（万元）

$NCF_0 = -210$（万元）

$NCF_{1\sim2} = 0$

$NCF_{3\sim6} = (170-80-22.4-5) \times (1-25\%) + 22.4 + 5 = 74.35$（万元）

$NCF_7 = 74.35 + 8 + 65 = 147.35$（万元）

$NPV = -210 + 74.35[(P/A, 10\%, 7) - (P/A, 10\%, 7)] + 73(P/F, 10\%, 7) =$
$$-210 + 74.35 \times (4.868\,4 - 1.735\,5) + 73 \times 0.513\,2 =$$
$$60.39（万元）大于 0 \qquad 乙方案可行。$$

(2) 甲方案年等额净现值 $= 39.57 \div (P/A, 10\%, 5) =$
$$39.57 \div 3.790\,8 = 10.44（万元）$$

乙方案年等额净现值 $= 60.39 \div (P/A, 10\%, 7) =$
$$60.39 \div 4.868\,4 = 12.4（万元）$$

乙方案年等额净现值大于甲方案年等额净现值，该企业应选择乙方案。

9. 解：(1) 小王退休后可取得的退休金总数 $=20\,000 \times 20 = 400\,000$（元）

这些退休金折合为截至其退休时的现值合计 $= 20\,000 \times (P/A, 6\%, 20) =$
$$20\,000 \times 11.469\,9 = 229\,398（元）$$

(2) 由于小王退休后可取得的退休金折合为其退休日的现值合计等于截至小王退休日其每年年末支付相等金额养老保险金的终值合计，所以截至小王退休日其每年年末支付相等金额养老保险金的终值合计是 229\,398 元。

(3) 求小王退休前每年年末支付相等金额的养老保险金是偿债基金问题，即：

$A = F/(F/A, 6\%, 35) = 229\,398/111.434\,8 = 2\,058.58（元）$

截至小王退休时他所支付养老保险金的合计 $= 2\,058.58 \times 35 = 72\,050.3（元）$

(4) 此问题是求预付年金问题，由于 $F = A \times [(F/A, i, n+1) - 1]$

所以 $A = F/[(F/A, i, n+1) - 1] = 229\,398/[(F/A, 6\%, 35+1) - 1] =$
$$229\,398/(119.121 - 1) = 1\,942.06(元)$$

10. 解：(1) 乙方案年折旧额 $= [120 \times (1 + 2 \times 8\%) - 8]/10 = 13.12(万元)$

(2) 乙方案商标权年摊销额 $= 20/10 = 2(万元)$

乙方案息税前利润 $= 170 - 80 - 13.12 - 2 = 74.88(万元)$

乙方案净利润 $= (170 - 80 - 13.12 - 2 - 120 \times 8\%) \times (1 - 33\%) = 43.74(万元)$

(3) 甲方案：

甲方案年折旧 $= 100/8 = 12.5(万元)$

$NCF_0 = -100(万元)$

$NCF_{1\sim8} = (90 - 60) \times (1 - 33\%) + 12.5 = 32.6(万元)$

乙方案：

$NCF_0 = -120(万元)$

$NCF_1 = 0$

$NCF_2 = -(95 - 65) - 20 = -50(万元)$

$NCF_{3\sim11} = 74.88 \times (1 - 33\%) + 13.12 + 2 = 65.29(万元)$

$NCF_{12} = 65.29 + (95 - 65) + 8 = 103.29(万元)$

(4) 根据 $NPV = 32.6 \times (P/A, IRR, 8) - 100 = 0$

则：$(P/A, IRR, 8) = 100/32.6 = 3.067\,5$

根据年金现值系数表可知：

$IRR = 28\% + (32\% - 28\%) \times (3.067\,5 - 3.075\,8)/(2.786\,0 - 3.075\,8) = 28.11\%$

(5) 甲方案 $NPV = 32.6 \times (P/A, 10\%, 8) - 100 =$
$$32.6 \times 5.334\,9 - 100 =$$
$$73.92(万元)$$

乙方案 $NPV = 65.29 \times [(P/A, 10\%, 12) - (P/A, 10\%, 2)] +$
$$38 \times (P/F, 10\%, 12)$$
$$-120 - 50 \times (P/F, 10\%, 2) =$$
$$65.29 \times (6.813\,7 - 1.735\,5) + 38 \times 0.318\,6 - 120 - 50 \times$$
$$0.826\,4 = 331.56 + 12.11 - 120 - 41.32 = 182.35(万元)$$

(6) 甲方案年等额净回收额 $= 73.92/(P/A, 10\%, 8) =$
$$73.92/5.334\,9 = 13.86(万元)$$

乙方案年等额净回收额 $= 182.35/(P/A, 10\%, 12) =$
$$182.35/6.813\,7 = 26.76(万元)$$

(7) 计算期最小公倍数法，计算期最小公倍数为 24 年，则：

甲方案的总现值 $= 73.92 + 73.92 \times (P/F, 10\%, 8) + 73.92 \times (P/F, 10\%, 16) =$

$\qquad 73.92 + 73.92 \times 0.4665 + 73.92 \times 0.2176 = 124.49$(万元)

乙方案的总现值 $= 182.35 + 182.35 \times (P/F, 10\%, 12) =$

$\qquad 182.35 + 182.35 \times 0.3186 = 240.45$(万元)

所以,应该选择乙方案。

(8) 最短计算期法,由于甲方案的计算期短,所以,

将甲方案作为参照对象,甲方案 $NPV = 73.92$(万元)

调整后乙方案的净现值:

$NPV = [182.35/(P/A, 10\%, 12)] \times (P/A, 10\%, 8) =$

$\qquad (182.35/6.8137) \times 5.3349 = 142.77$(万元)

所以,应该选择乙方案。

(六) 案例分析题

1. 解:(1) 由于这两个方案继续使用年限相同,可以采用差额净现值法或差额内含报酬率法,根据题意列出如表 6-3 所示。

表 6-3　方案资料表 金额单位:元

项　　目	旧生产流水线	新生产流水线
购入成本	200 000	300 000
使用年限(年)	10	6
已使用年限(年)	4	0
期满残值	0	15 000
年折旧额	20 000	47 500
账面价值	120 000	300 000
旧生产流水线变价收入	70 000	0
年营业收入	298 000	348 000
年付现营业成本	226 000	216 000

旧生产流水线变现损失抵税 $= (120\,000 - 70\,000) \times 25\% = 12\,500$(元)

$\Delta NCF_0 = -300\,000 - (70\,000 + 12\,500) = 217\,500$(元)

$\Delta NCF_{1 \sim 5} = [(348\,000 - 216\,000) \times (1 - 25\%) + 47\,500 \times 25\%] -$

$\qquad [(298\,000 - 226\,000) \times (1 - 25\%) + 20\,000 \times 25\%] = 51\,875$(元)

$\Delta NCF_6 = 51\,875 + (15\,000 - 0) = 66\,875$(元)

(2) $\Delta NPV = 51\,875 \times (P/A, 12\%, 6) + 15\,000 \times (P/F, 12\%, 6) - 217\,500 =$

$$51\ 875 \times 4.111\ 4 + 15\ 000 \times 0.506\ 6 - 217\ 500 = 3\ 377.88(元)$$

(3) 当 $i = 14\%$

$$\Delta NPV = 51\ 875 \times (P/A, 14\%, 6) + 15\ 000 \times (P/F, 14\%, 6) - 217\ 500 =$$
$$51\ 875 \times 3.888\ 7 + 15\ 000 \times 0.455\ 6 - 217\ 500 = -8\ 939.69(元)$$

$$\Delta IRR = 12\% + \frac{3\ 377.88}{3\ 377.88 + 8\ 939.69} \times (14\% - 12\%) = 12.55\%$$

(4) 由于 $\Delta NPV = 3\ 377.88(元)$ 大于 0，$\Delta IRR = 12.55\%$ 大于基准收益率 12%，应更新。

2. 解：(1) 10 台甲型设备年折旧额 $= 80\ 000 \times (1 - 10\%)/3 = 24\ 000(元)$

   11 台乙型设备年折旧额 $= 55\ 000 \times (1 - 10\%)/3 = 16\ 500(元)$

(2) 计算 10 台甲型设备平均年成本：

购置成本 $= 8\ 000 \times 10 = 80\ 000(元)$

每年年末修理费的现值 $= 20\ 000 \times (1 - 30\%) \times (P/A, 10\%, 4) =$
$$44\ 378.6(元)$$

每年折旧抵税的现值 $= 24\ 000 \times 30\% \times (P/A, 10\%, 3) = 17\ 905.68(元)$

残值损失减税 $= 8\ 000 \times 30\% \times (P/S, 10\%, 4) = 1\ 639.2(元)$

甲型设备现金流出总现值 $= 80\ 000 + 44\ 378.6 - 17\ 905.68 - 1\ 639.2 =$
$$104\ 833.72(元)$$

甲型设备平均年成本 $= 104\ 833.72/(P/A, 10\%, 4) = 33\ 071.62(元)$

(3) 计算 11 台乙型设备平均年成本：

购置成本 $= 5\ 000 \times 11 = 55\ 000(元)$

每年年末修理费的现值 $= [2\ 000 \times (P/S, 10\%, 1) + 2\ 500 \times$
$$(P/S, 10\%, 2) + 3\ 000 \times (P/S, 10\%, 3)] \times$$
$$11 \times (1 - 30\%) = 47\ 263.37(元)$$

每年折旧抵税的现值 $= 16\ 500 \times 30\% \times (P/A, 10\%, 3) = 12\ 310.16(元)$

残值收益的现值 $= 5\ 500 \times (P/S, 10\%, 3) = 4\ 132.15(元)$

乙型设备现金流出总现值 $= 55\ 000 + 47\ 263.37 - 12\ 310.16 - 4\ 132.15 =$
$$85\ 821.06(元)$$

乙型设备平均年成本 $= 85\ 821.06/(P/A, 10\%, 3) = 34\ 509.25(元)$

因为乙型设备平均年成本高于甲型设备，应当购买甲型设备。

第七章 成本控制与标准成本系统

一、内容的概要解析

(一)成本控制含义及常用的成本控制方法

1. 成本控制的含义

成本控制是指企业根据一定时期预先确立的成本管理目标,由成本控制主体在其职权范围内,通过对事前、事中、事后的控制,对各种影响成本的因素和条件采取的一系列预防和调节措施,以保证成本管理目标实现的管理行为。

成本控制有广义和狭义之分。狭义的成本控制主要是指对生产阶段成本的控制;广义的成本控制则强调对企业生产经营的各个方面、各个环节以及各个阶段的所有成本的控制。

2. 常用的成本控制方法

(1)标准成本控制。标准成本控制的核心是建立标准成本控制系统,也称标准成本会计。标准成本制度包括:标准成本的制定、成本差异的计算分析和成本差异的财务处理三方面内容。

(2)质量成本控制。质量成本是企业为保证和提高产品质量而支出的一切预防费用,以及因未达到质量标准而发生的一切损失费用的总和。它主要包括控制质量的成本和无法控制质量的成本(事故成本)。

(3)作业成本控制。作业成本控制是以作业为基础的成本计算与控制,其利用作业成本计算提供的成本信息以提高对企业成本结构、成本性态的认识,并通过消除不增加价值的作业等方法促使企业经营的合理化和效益最大化。

(二)标准成本种类

1. 理想标准成本

理想标准成本是以企业的生产技术和经营管理、设备的运行和工人的技术水平都处于最佳状态为基础所确定的单位产品的成本,是最高要求的标准成本。

2. 基本标准成本

基本标准成本是以上年度或过去某一年度的实际成本为参照确定的标准成本。

3. 现实标准成本

现实标准成本也称现实可达到的标准成本,是在企业现行的生产经营条件下,在预计可能达到的开工率下,考虑了平均的现今技术水平和管理水平而确定的标准成本。

(三)标准成本制定

1. 基本等式

$$标准成本 = 数量标准 \times 价格标准$$

2. 直接材料标准成本制定

$$直接材料标准成本 = \sum (直接材料标准用量 \times 直接材料价格标准)$$

3. 直接人工标准成本制定

$$直接人工标准 = \sum (各项作业标准工时 \times 相应的标准工资率)$$

4. 制造费用标准成本制定

制造费用标准成本中的"数量"标准是指生产单位产品所需的直接人工工时(或机器工时),"价格"标准是指制造费用的标准分配率。

$$变动制造费用标准分配率 = \frac{预算变动制造费用总额}{生产量标准(以直接人工工时或机器工时表示)}$$

$$固定制造费用标准分配率 = \frac{预算固定制造费用总额}{生产量标准(以直接人工工时或机器工时表示)}$$

单位产品制造费用标准成本可用公式表示为:

$$变动制造费用标准成本 = 变动制造费用标准分配率 \times 单位标准工时$$
$$固定制造费用标准成本 = 固定制造费用标准分配率 \times 单位标准工时$$

(四)单位产品标准成本的确定

$$产品变动标准成本 = 直接材料标准成本 + 直接人工标准成本 + 变动制造费用标准成本$$
$$产品完全标准成本 = 直接材料标准成本 + 直接人工标准成本 + 变动制造费用标准成本 + 固定制造费用标准成本$$

(五)标准成本差异分析

1. 直接材料成本差异分析

(1) 直接材料价格差异、数量差异分析。

$$直接材料价格差异 = 实际用量 \times (实际价格 - 标准价格)$$
$$直接材料数量差异 = 标准价格 \times (实际用量 - 标准用量)$$
$$直接材料成本差异 = 直接材料实际成本 - 直接材料标准成本 =$$
$$(实际用量 \times 实际价格) - (标准用量 \times 标准价格)$$

（2）直接材料结构差异、产出差异分析。对于需要多种原材料混合使用生产的产品，直接材料数量差异可进一步分解为"直接材料结构差异"与"直接材料产出差异"：

$$直接材料结构差异 = \sum（实际用量 \times 直接材料标准单价）-（\sum 实际用量）\times$$
$$直接材料标准混合价格$$
$$直接材料产出差异 = 单位产品中混合材料的标准成本 \times（实际产量 - 标准产量）$$

2. 直接人工成本差异分析

（1）直接人工价格差异、数量差异分析。

$$直接人工工资率差异 = 实际工时 \times（实际工资率 - 标准工资率）$$
$$直接人工效率差异 = 标准工资率 \times（实际工时 - 标准工时）$$
$$直接人工成本差异 = 直接人工实际成本 - 直接人工标准成本 =$$
$$直接人工工资率差异 + 直接人工效率差异$$

（2）直接人工结构差异、产出差异分析。与直接材料类似，对于需要不同工资等级工人协作生产产品时，直接人工效率差异可分解为工资结构差异和人工产出差异：

$$工资结构差异 = \sum（实际工时 \times 标准工资率）-（\sum 实际工时）\times 标准平均工资率$$
$$人工产出差异 = 单位产品混合人工标准成本 \times（实际工时 - 标准工时）$$

3. 变动制造费用成本差异分析

$$变动制造费用耗用差异 = 实际工时 \times（实际分配率 - 标准分配率）$$
$$变动制造费用效率差异 = 标准分配率 \times（实际工时 - 标准工时）$$
$$变动制造费差异 = 实际变动制造费 - 标准变动制造费 =$$
$$变动制造费用耗用差异 + 标准变动制造费用$$

4. 固定制造费用成本差异分析

$$固定制造费用预算差异 = 固定制造费用实际支付数 - 固定制造费用预算数$$
$$固定制造费用能力差异 = 固定制造费用标准分配率 \times（预算工时 - 实际工时）$$
$$固定制造费用效率差异 = 固定制造费用标准分配率 \times（实际工时 - 标准工时）$$
$$固定制造费用差异 = 实际固定制造费用 - 标准固定制造费用 =$$
$$预算差异 + 能力差异 + 效率差异$$

（六）成本差异的账务处理

1. 递延处理法

递延处理法认为成本差异与本期的存货和销货均相关，不能仅由本期销货承担成本差异，应该由相关部分差异随期末存货递延到下期。根据这种思路，在递延处理法下，要结清各个差异账户，把各种成本差异按比例分配于原材料、在产品、产成品和销售成本,把各账户的期末余额都统一到实际成本的水平上来。

2. 直接处理法

在实际生产中,如果标准成本设置合理,期末差异账户的余额不大;或者当期生产的产品基本都在当期实现了销售,则可以采取简化方式,即直接处理法,将已发生的差异均转入当期的销售成本,由本期销售的产品负担,不再分配给期末存货,这样,期末资产负债表的存货只反映标准成本。采用这种方法隐含了一个重要假设,就是标准成本是真正的正常成本,成本差异是由不正常、低效率和浪费造成的,应当直接体现在本期损益中,使得利润能够反映本期工作成绩的好坏。

（七）差异分析报告编制及例外管理原则

差异发生后,应当向管理人员及时报告。差异成本报告应当定期呈报给公司管理当局,指出差异是不利差异还是有利差异。

差异分析报告应充分体现例外管理原则。在差异报告中运用例外管理原则衡量差异是否重大,应当着重考虑以下四个因素：① 重要性；② 一贯性；③ 可控性；④ 特殊性。

二、背景资料

（一）标准成本制度的建立

19 世纪末,随着世界资本主义经济发展,市场竞争越来越激烈,比较自己与竞争对手成本水平成为很多企业制定产品价格获得竞争优势的重要手段。但是,由于不同企业的内部成本核算难以具有可比性,并且实际成本计价体制对经营管理存在严重的滞后性,许多企业逐步认识到这个问题,并开始尝试解决。标准成本制度就是在这种背景下产生的。

标准成本理论的开创性工作,首先由科学管理的创始人美国工程师泰罗完成。1895 年,泰罗首次提出在人工成本计算中要考虑实际耗工时间和科学耗工时间的差异。1903 年,其在发表著作《工厂管理》中进一步提出了标准操作程序及时间定额等概念,为标准成本制度的产生奠定了基础。

1909 年,美国效率工程师哈尔顿·爱默森在其论文《作为经营和工资基础的效率》中对标准成本进行了更为详尽的研究。他认为,实际成本制度获得的数据既过时又缺乏正确性,而标准成本则能随时反映实际成本对标准成本的超额部分,使管理者能够对低效率予以关注。1911 年,美国会计师卡特·哈里森首次设计出一套完整的标准成本制度,在其公开发表论文中介绍了成本差异分析的公式,并对账户、分类账及成本分析单做了十分详细的叙述。至此,标准成本制度真正形成。

（二）标准成本制度的发展

随着生产制造业的不断发展,人们逐渐发现以传统制造环境为假设的标准成本制度已经不能适应现代制造环境下日新月异和多元化的产品标准成本制定要求。传统的以数量为基础(人工工时、机器工时)的分配间接费用,会导致成本信息的相关性、可靠性下降,不利于成本控制。

1. 传统生产环境下的标准成本制度的缺陷

(1)现代生产方式的变化使得标准成本难以确定。传统标准成本制度基于大批量生产环境为假设,将生产分成许多工序,通过动作及时间研究确定各工序的标准用料和人工工时,继而确定产品的标准成本。但在现代市场环境下,过去的大批量生产较少品种产品的生产模式已不能满足客户需要,多品种、小批量的生产方式取而代之。在这种生产环境下按照传统标准成本制度制定标准成本较为困难。

(2)传统标准成本不利于成本的持续改进。传统标准成本一旦确定,只要基本生产条件及环境不变,标准成本就不会改变。而在现代竞争日益激烈的市场环境下,一成不变的标准成本已不能适应现代生产制造环境下持续降低成本的要求,也不能作为企业销售价格的决策依据。

(3)传统的标准成本难以反映产品的真实成本。传统制造环境下,产品的直接材料、直接人工和直接制造费用在产品成本中的构成比重较高,而间接费用(如固定制造费用)则比重相对小很多,采用以数量为基数的间接费用分配标准能对标准成本的合理性影响较小。但在现代制造环境下,产品的间接成本在总成本中的比重越来越高,再使用传统标准成本体系下的数量基础间接费用分配标准已经很难反映产品的标准成本。

2. 传统标准成本制度的改进

由于传统标准成本制度具有以上缺陷,理论界对传统标准成本制度的改进进行了研究并由实务界加以应用实践。公认可行的改进方法主要有:

(1)采用以作业为基础的标准成本制度。作业是间接成本发生的真正原因:产品消耗作业、作业消耗资源。以作业为分配基数分配产品制造间接成本,进而计算出的标准成本的信息相关性和可靠性得到了增强,因而可以有效解决传统标准成本制度难以制定成本标准的缺陷。

(2)采用动态化的标准成本,持续降低成本。改变传统标准成本制度下的单一标准成本,采用动态化的标准成本,有利于持续降低成本。其主要方法有:① 使用持续降低的标准成本;② 使用目标成本作为标准成本。例如,以市场龙头企业产品成本作为标准,制定产品标准成本,有利于企业的产品具有成本优势。

虽然传统标准成本制度存在缺陷,但是其核心思想并没有过时,通过标准成本管理与企业预算管理、产品定价管理相结合,能够有效降低企业产品成本、提高产品质量、提升企业核心竞争能力。改进后的标准成本制度克服了传统标准成本制度的缺陷,能够适应现代制造环境下的成本控制与决策要求。

阅 读 文 献

[1] 余绪缨.管理会计[M].2版.沈阳：辽宁人民出版社,2004.

[2] 吴大军.管理会计[M].大连：东北财经大学出版社,2004.

[3] HILTON R W.管理会计学：在动态商业环境中创造价值[M].阎达五,等,译.北京：机械工业出版社,2003.

[4] 胡玉明.管理会计[M].北京：中国财政经济出版社,2009.

三、复习题

(一) 思考题

1. 成本控制的含义如何？成本控制分为哪几个主要阶段？

2. 常用的成本控制方法有哪几类？各有什么特点？

3. 进行成本控制需要有哪些条件支持？

4. 成本控制通常应遵循哪些原则？

5. 什么是质量成本？它主要包括哪些内容？

6. 标准成本与产品生命周期成本控制、作业成本控制能否共存？

7. 什么是标准成本？它有哪些作用？

8. 实施标准成本应具备哪些条件？它包括哪些步骤？

9. "成本差异"一般可分为哪几种类型？试扼要说明。

10. "材料价格差异应由采购部门负责","材料用量差异应由生产部门负责",这两句话对不对？为什么？

11. 在材料或人工混合使用的情况下,其数量差异或效率差异一般应进一步分为哪两种差异？如何计算？

12. 差异分析报告如何编制？编制原则有哪些？

13. 标准成本法适用哪些范围？

(二) 判断题

1. 成本控制是企业进行全面控制管理的关键,也是成本管理的核心环节。（　　）

2. 按照成本控制的原理不同,成本控制可分为事前成本控制、事中成本控制以及事后成本控制。（　　）

3. 有利差异越大对企业越有利。（　　）

4. 标准成本差异分析中,直接材料价格差异计算公式中实际数量指的是直接材料的采购数量。（　　）

5. 直接材料结构差异是指在生产产品过程中实际投料的混合比例与标准混合比例不同而产生的差异。（　　）

6. 材料数量差异应由生产部门负责。　　　　　　　　　　　　（　　）

7. 材料价格差异应由采购部门负责。　　　　　　　　　　　　（　　）

8. 标准成本制度适合于客户导向型企业。　　　　　　　　　　（　　）

9. 理想标准成本应是企业长期奋斗的目标。　　　　　　　　　（　　）

10. 直接人工工资率差异为实际工资率、标准工资之间的差额与标准公式的乘积。　　　　　　　　　　　　　　　　　　　　　　　　　　　（　　）

11. 直接处理法是将成本差异直接体现在本期损益内,使报告利润能够反映本期的实际经营成果,账务处理也比较简单。　　　　　　　　　　　　（　　）

12. 直接材料产出差异是由混合材料投产后按照标准产出率计算的产品标准产量与实际产量的差额产生的。　　　　　　　　　　　　　　　　　（　　）

13. 直接人工产出差异是由实际人工混合比例与标准人工混合比例不同产生的。　　　　　　　　　　　　　　　　　　　　　　　　　　　（　　）

14. 直接人工结构差异是实际人工混合比例与标准人工混合比例不同差生的差异。　　　　　　　　　　　　　　　　　　　　　　　　　　　（　　）

15. 成本控制属于预算控制,并且是预算控制的重要环节。　　　（　　）

16. 标准成本是一种预估成本。　　　　　　　　　　　　　　　（　　）

17. 成本差异账务处理需考虑差异大小、类型、原因及时间等诸多因素。（　　）

18. 在成本差异分析中,直接材料价格差异类似于直接人工的效率差异。（　　）

19 在成本差异分析中,变动制造费用的耗用差异类似于直接人工的工资率差异。　　　　　　　　　　　　　　　　　　　　　　　　　　　（　　）

20. 直接人工效率差异与变动制造费用效率差异形成的原因是不同的。（　　）

(三) 单项选择题

1. 在成本管理过程中,要求职工经过努力才能达到,符合现实客观条件,在实际工作中被广泛运用的是(　　　)。

　　A. 基本标准成本　　　　　　　　B. 理想标准成本

　　C. 现实标准成本　　　　　　　　D. 正常标准成本

2. 实际成本大于标准成本所形成的差异是(　　　)。

　　A. 有利差异　　B. 不利差异　　C. 可控差异　　D. 不可控差异

3. 计算价格差异应以(　　　)为基础替代。

　　A. 理想数量　　　　　　　　　　B. 实际数量

　　C. 标准采购数量　　　　　　　　C. 标准耗用数量

4. 按照成本差异是否可控,成本差异可分类为(　　　)。

　　A. 可控差异与不可控差异　　　　B. 有利差异与不利差异

　　C. 材料差异与数量差异　　　　　C. 预算差异与经营差异

5. 本月,甲公司共生产产品 12 500 件,已知直接人工效率差异为有利差异 11 250 元,若本月实际工作时间为 41 000 小时,标准人工工资率为 6 元/小时,则甲公司标准单位产品工时为( )小时。

  A. 3.13   B. 3.28   C. 3.43   D. 4.18

6. 本期,乙公司生产 A 产品共花费人工工时 25 600 小时,已知标准人工工资率为 7.5 元/小时。若直接人工效率差异为不利差异 8 250 元,则生产 A 产品标准人工工时应为( )小时。

  A. 1 100   B. 24 500   C. 25 600   D. 26 700

7. 阳光公司生产产品,成本清单如下:

	实际	预算
生产产品数量(件)	580	600
直接材料耗费(件)	1 566	1 500
材料总成本(元)	77 517	76 500

则材料数量差异为( )。

  A. 有利差异 2 349 元   B. 不利差异 3 366 元

  C. 不利差异 5 742 元   D. 不利差异 5 916 元

8. 为生产产品甲,本月阳光公司发生 A 材料有利价格差异 1 000 元,不利数量差异 300 元。已知要生产一单位甲产品需耗用 A 材料 3 千克,A 材料的标准价格为每千克 2 元。本期共生产甲产品 500 件。A 材料本期期初存货数量为 100 千克,期末为 400 千克。则本期共购入 A 材料数量为( )千克。

  A. 1 050   B. 1 350   C. 1 650   D. 1 950

9. 本期,某公司生产产品共耗用甲原材料 11 280 千克,共计标准成本 46 258 元。已知甲材料数量差异为不利差异 492 元,则本期甲材料标准耗用量应为( )千克。

  A. 11 520   B. 11 280   C. 11 394   D. 11 160

10. 下列不是导致材料价格差异的原因是( )。

  A. 未按照最优经济批量采购进货   B. 不必要的快速运输方式

  C. 市场价格的临时波动   D. 生产技术改进而降低原材料消耗

11. 某企业生产 A 产品实际耗工 45 000 小时,实际产量标准工时为 47 000 小时,标准产量下的标准工时为 50 000 小时,固定制造费用标准分配率为 0.64 元,则固定制造费用效率差异为( )。

  A. 不利差异 2 000 元   B. 不利差异 1 280 元

  C. 有利差异 1 600 元   D. 有利差异 1 280 元

12. 如果所制定的标准成本符合企业的实际情况,且成本差异不大,则(　　)。

　　A. 每月的成本差异按标准成本的比例在销售成本、产成品和在产品之间分摊

　　B. 每月将成本差异全部结转到销售成本中去

　　C. 成本差异累积到年终时,按比例分摊到销售成本、产成品和在产品成本中

　　D. 成本差异累积到年终时,全部结转到销售成本上去

13. 固定制造费用通常根据事先编制的(　　)来控制其费用总额。

　　A. 固定预算　　　　　　　　　B. 弹性预算

　　C. 零基预算　　　　　　　　　D. 滚动预算

14. 下列关于现实标准成本说法中,不正确的是(　　)。

　　A. 应大于理想的标准成本

　　B. 应小于历史平均水平

　　C. 实施以后实际成本极有可能产生逆差

　　D. 制定时不考虑难以避免的损耗和低效率等情况

15. 下列关于现实标准成本表述中,不正确的是(　　)。

　　A. 具有客观性和科学性　　　　B. 具有现实性

　　C. 具有激励性　　　　　　　　D. 需要经常修订

16. 质量成本通常分为控制质量的成本和(　　)。

　　A. 质量检测成本　　　　　　　B. 外部质量成本

　　C. 无法控制质量引起的成本　　D. 外部事故成本

17. 在运行质量成本控制中为保证满意的质量而发生的各种投入性成本有预防成本和(　　)。

　　A. 质量检测成本　　　　　　　B. 外部故障成本

　　C. 外部质量保障成本　　　　　D. 内部故障成本

18. 对于企业的制造车间的部门经理而言,(　　)是其可控成本。

　　A. 本年度本部门的厂房租金　　B. 制造部门管理人员的工资

　　C. 本年度制造部门的办公费用　D. 本年度预计的机器维修费用

(四) 多项选择题

1. 成本控制中,确定需要例外管理需考虑的因素有(　　)。

　　A. 重要性　　　　　　　　　　B. 一贯性

　　C. 可控性　　　　　　　　　　D. 可比性

　　E. 特殊性

2. 标准成本制度包含的内容有(　　)。

　　A. 标准成本的确定　　　　　　B. 成本差异的计算与分析

　　C. 成本差异的账务处理　　　　D. 差异分析报告的编制

3. 固定制造费用三因素分析法将固定制造费用差异分为（　　）。

    A. 预算差异　　　　　　　　　　B. 能力差异

    C. 能量差异　　　　　　　　　　D. 效率差异

4. 标准成本制度主要的作用有（　　）。

    A. 有利于企业的目标管理

    B. 提高成本管理水平

    C. 有利于简化产品成本计算工作和及时提供成本资料

    D. 有利于调动员工积极性

    E. 有利于企业作出合理的定价决策

5. 按照数量特征,成本差异可分为（　　）。

    A. 有利差异　　　　　　　　　　B. 不利差异

    C. 可控差异　　　　　　　　　　D. 不可控差异

6. 制定标准成本时,以下说法中,正确的有（　　）。

    A. 确定标准数量时考虑企业所采用的是完全成本法还是变动成本法

    B. 材料标准价格应是材料的平均价格,包含正常发生的折扣费

    C. 确定标准工资率时需考虑生产过程中必不可少的闲置时间

    D. 应以在正常生产环境与流程下的材料耗用的平均数量作为确定材料标准
      耗用数量的依据

7. 下列关于成本控制的说法中,正确的有（　　）。

    A. 实施成本控制是保证企业完成既定成本目标的重要手段

    B. 实施成本控制是降低成本、增加盈利、提高经济效益的重要途径

    C. 实施成本控制为保护企业财产物资安全,防止贪污盗窃等事件的发生提
      供了制度保证

    D. 成本控制在企业各控制系统中起着综合的控制作用

8. 在确定直接人工正常标准成本时,需要考虑的因素有（　　）。

    A. 加工操作所要花费的时间　　　B. 工人必不可少的工间休息时间

    C. 设备调试时间　　　　　　　　D. 不可避免的废品次品耗用工时

    E. 由于设备意外故障产生的停工工时

9. 下列成本差异中,一般由生产部门承担主要责任的有（　　）。

    A. 变动制造费用效率差异　　　　B. 直接材料数量差异

    C. 直接材料价格差异　　　　　　D. 直接人工效率差异

10. 直接材料标准价格应包含（　　）。

    A. 采购发票价格　　　　　　　　B. 材料运输费用

    C. 入库检验成本　　　　　　　　D. 正常耗损成本

11. 属于数量差异的有(　　)。

    A. 直接材料数量差异　　 B. 直接人工效率差异

    C. 直接人工工资率差异　 D. 变动制造费用效率差异

12. 由(　　)造成的直接人工效率差异,不应当由生产部门负责。

    A. 工人调配不当

    B. 加工材料与要求不符

    C. 新的工作环境,工人难以适应

    D. 设备故障,无法正常加工

13. 所有成本差异均可分类为(　　)。

    A. 数量差异与价格差异　 B. 可控差异与不可控差异

    C. 有利差异与不利差异　 D. 预算差异与执行差异

14. 需修订基本标准成本的情况有(　　)。

    A. 产品设计、结构发生变化

    B. 重要原材料价格发生不可逆变化

    C. 社会劳动生产率的提高

    D. 市场变化导致生产能力利用程度的变化

15. 在标准成本的账务处理中,关于会计期末对成本差异的处理的说法中,正确的有(　　)。

    A. 采用直接处理法的依据是确信标准成本是真正的正常成本,成本差异是不正常的低效率和浪费造成的,应当直接体现在本期损益之中,使利润能够体现本期工作成绩的好坏

    B. 在成本差异数额不大时采用直接处理法为宜

    C. 采用调整销货成本与存货法的依据是税法和会计制度均要求以实际成本反映存货成本和销货成本

    D. 可以对各种成本差异采用不同的处理方法,如材料价格差异多采用销货成本与存货法,闲置能量差异多采用结转本期损益法

16. 下列说法中,正确的有(　　)。

    A. 实施成本控制是保证企业实施目标管理的重要手段

    B. 实施成本控制是降低成本、提高经济效益的重要途径

    C. 实施成本控制为保护企业财产物资安全,防止贪污盗窃等事件的发生提供了制度保证

    D. 成本控制在企业各控制系统中起着综合的控制作用

17. 影响材料实际价格变动的因素很多,除了国家及供应单位调整价格外,还包括(　　)。

A. 采购数量　　　　　　　B. 运输方式

C. 可利用的数量折扣　　　D. 紧急订货

18. 质量成本包括(　　)。

A. 预防成本　　　　　　　B. 质量体系认证成本

C. 质量检测成本　　　　　D. 内部故障成本

E. 外部事故成本

19. 标准成本的种类有(　　)。

A. 实际标准成本　　　　　B. 基本标准成本

C. 理性标准成本　　　　　D. 预订标准成本

E. 现实标准成本

20. 标准成本系统成本差异处理方法主要有(　　)。

A. 差额处理法　　　　　　B. 递延处理法

C. 直接处理法　　　　　　D. 直接转销法

(五) 业务题

1. 某企业计划期的产能标准工时为 3 000 小时,直接人工工资为 15 000 元,变动制造费用预算总额为 12 000 元,固定制造费用预算总额为 15 000 元。假定该企业生产的甲产品的直接人工的定额工时为 80 小时,直接材料定额消耗量为 20 千克,每千克标准单价为 25 元。

要求:编制甲产品的标准成本卡。

2. 某企业本月生产甲产品 8 000 件,领用并耗用 A 种材料 32 000 千克,其实际价格为每千克 40 元。该产品 A 材料的用量标准为 3 千克,标准价格为每千克 42 元。

要求:计算甲产品材料成本差异。

3. 某企业本月生产甲产品 8 000 件,实际工时 10 000 小时,实际应付直接工资 108 000 元。该产品工时标准为每件 1.5 小时,标准工资率为每小时 10 元。

要求:计算直接人工成本差异。

4. 某公司单位产品的标准成本单如表 7-1 所示。

表 7-1　单位产品标准成本单

名　　称	单　　价	数　　量
直接材料	9 元/千克	12 千克
直接人工	4 元/小时	10 小时

本期实际发生成本如表 7-2 所示。

表7-2 本期实际发生成本

名　　称	数　　量	金　　额
直接材料	3 770 千克	35 815 元
直接人工	2 755 小时	11 571 元

本月实际生产产品290件。

要求：

(1) 计算直接材料与直接人工成本差异。

(2) 确定直接材料与人工的标准成本。

5. 某公司实行标准成本制度,生产一件产品的核定标准成本如表7-3所示。

表7-3 一件产品的核定标准成本

	数　　量	金额(元)
直接材料：铁皮	5 张	10
铜皮	3 张	9
直接人工	4 小时	28

本月,公司共生产产品800件。实际发生的成本明细如表7-4所示。

表7-4 实际成本明细

	单　　价	数　　量	金额(元)
直接材料：铁皮	2 元/张	3 900 张	
铜皮	3.1 元/张	2 600 张	
直接人工：二级工	7 元/小时	2 000 小时	
一级工	7.2 元/小时	1 400 小时	

要求：

(1) 计算总的直接材料数量差异。

(2) 计算直接人工工资率差异。

6. 某企业本月生产甲产品8 000件,实际发生变动制造费用40 000元。实际工时为10 000小时,工时标准为1.5小时,标准费用分配率为每小时3.6元。

要求：计算变动制造费用成本差异。

7. 某企业使用标准成本法,月正常生产产品产量200件,本月实际产量为600件,单位产品成本资料如表7-5所示。

表7-5 单位产品成本资料

成本项目	标 准 成 本	实 际 成 本
直接材料	6千克×4元/千克＝24元	8千克×3元/千克＝224元
直接人工	4小时×8元/小时＝32元	3小时×9元/小时＝27小时
变动制造费用	4小时×3元/小时＝12元	3小时×3.5元/小时＝10.5元

要求：根据以上资料，进行成本差异计算。

8. 某企业月产能为500件产品，产品单位固定制造费用标准成本为3元/件，每件产品标准工时为2小时。本月实际生产产品400件，消耗人工工时900小时，发生固定制造费用1 200元。

要求：用三因素分析法对固定制造费用成本差异进行计算。

9. 某企业本月甲产品实际生产8 000件，预算产量为10 400件，实际固定制造费用为190 000元。实际工时为10 000小时，每件产品工时标准为1.5小时，预算费用分配率为12元/小时。

要求：采用三因素分析法计算固定制造费用成本差异。

10. 某公司实行标准成本制度，生产一件产品的核定标准成本如表7-6所示。

表7-6 一件产品的核定标准成本

	数量(小时)	金额(元)
变动制造费用	4	12
固定制造费用	4	8

制造费用分配率以公司正常的产能为基数确定，公司正常的产能为4 000小时直接人工工时。本月实际产能为5 000小时直接人工工时。变动制造费用与实际人工工时数相关。

本月，公司共生产产品800件。实际发生变动制造费用10 000元，固定制造费用8 800元。

要求：

(1) 计算变动制造费用耗用差异。

(2) 计算固定制造费用预算差异与生产能力差异。

11. 某公司生产产品需要P与Q两种原材料，两者的标准混合比例为2∶1，P与Q的标准单价分别为2.5元/千克和4元/千克。

本月，为生产产品共发生实际成本如表7-7所示。

表7-7 本月发生的实际成本资料

名　称	数量（千克）	单价（元/千克）
P	34 000	2.5
Q	22 000	4

已知生产产品投入原材料的产出比例为 0.9。本期共产出产品 53 000 千克。

要求：计算原材料总的数量差异、材料结构差异及产出差异。

（六）案例分析题

1. 某公司一车间生产甲产品需消耗原材料 A。已知该车间甲产品单月标准产量为 1 200 件，月标准生产能力下的标准工时为 2 400 小时。甲产品单位标准成本如表 7-8 所示。

表7-8 甲产品单位标准成本

名　称	标准数量	标准单价	标准成本（元）
原材料 A	10 千克	8 元/千克	80
直接人工	2 小时	10 元/小时	20
变动制造费用	2 小时	4.5 元/小时	9
固定制造费用	2 小时	3.5 元/小时	7
单位产品标准成本			116

本月，该车间实际生产甲产品 1 400 件，实际耗用 A 材料 13 200 千克，材料实际单价为 8.10 元/千克。直接人工共耗用 2 580 小时，发生生产人员工资 27 348 元，变动制造费用 11 680 元，固定制造费用 9 080 元。

要求：进行成本差异计算及分析。

2. 某公司批量生产产品 G，需投入 A、B、C 三种原材料，生产过程中需要生产部门 X 与 Y 的流水线操作配合。G 产品的批量标准成本计算如表 7-9 所示。

表7-9 G产品批量标准成本计算表

		标准数量	标准单价	标准成本（元）
原材料：	A	20 千克	5 元/千克	100
	B	15 千克	4 元/千克	60
	C	10 千克	7 元/千克	70
小计		45		230

（续表）

		标 准 数 量	标 准 单 价	标准成本（元）
减：	标准损耗	5 千克		
标准产出：		40 千克		
直接人工	部门 X	5 小时	12 元/小时	60
	部门 Y	3 小时	7 元/小时	21
合计				311

　　本期预期销售 G 产品 5 266 千克，单价 18 元/千克。产品 G 期初与期末存货账户上都为零。本期实际生产 G 产品共 130 批次，发生实际成本情况如表 7 - 10 所示。

表 7 - 10　本期实际成本情况

		实 际 数 量	实 际 单 价	标准成本（元）
原材料：	A	2 240 千克	5.3 元/千克	11 872
	B	2 070 千克	3.7 元/千克	7 659
	C	1 088 千克	7.5 元/千克	8 160
小计		5 398 千克		27 691
减：	实际损耗	920 千克		
实际产出：		4 478 千克		
直接人工	部门 X	750 小时	12.7 元/小时	9 525
	部门 Y	404 小时	6.5 元/小时	2 626
合计				39 842

　　本期 G 产品实际销售单价为 18.85 元/千克。

　　要求：

　　(1) 计算直接材料价格差异、结构差异与产出差异。

　　(2) 计算直接人工工资率差异、工资结构差异与产出差异。

　　(3) 试对以上差异进行分析和评价。

四、复习题参考答案

(一) 思考题

　　(略)

（二）判断题

1.（√）　2.（√）　3.（×）　4.（×）　5.（√）　6.（×）　7.（×）　8.（×）
9.（√）　10.（×）　11.（√）　12.（√）　13.（×）　14.（√）　15.（√）
16.（√）　17.（√）　18.（×）　19.（√）　20.（×）

（三）单项选择题

1.（C）　2.（B）　3.（B）　4.（A）　5.（C）　6.（B）　7.（D）　8.（D）　9.（D）
10.（D）　11.（D）　12.（D）　13.（A）　14.（D）　15.（D）　16.（C）
17.（A）　18.（C）

（四）单项选择题

1.（ABCDE）　2.（ABCD）　3.（ABD）　4.（ABCDE）　5.（AB）　6.（ABCD）
7.（ABCD）　8.（ABCD）9.（ABD）　10.（ABCD）　11.（ABD）　12.（BD）
13.（BC）　14.（ABC）　15.（ABCD）　6.（ABCD）　17.（ABCD）
18.（ACDE）　19.（BCE）　20.（BC）

（五）业务题

1. 解：标准工资率＝15 000/3 000＝5(元 / 小时)
变动制造费用分配率＝12 000/3 000＝4(元 / 小时)
固定制造费用分配率＝15 000/3 000＝5(元 / 小时)

表 7 - 11　甲产品的标准成本卡

成本项目	标准价格	标准用量	标准成本(元)
直接材料	25 元/千克	20 千克	500
直接人工	5 元/小时	80 小时	400
变动制造费用	4 元/小时	80 小时	320
固定制造费用	5 元/小时	80 小时	400
甲产品单位标准成本			1 620

2. 解：材料数量差异＝(32 000－3×8 000)×42＝336 000(元)(不利差异)
材料价格差异＝(40－42)×32 000＝－64 000(元)(有利差异)
材料成本总差异＝336 000－64 000＝272 000(元)(不利差异)

3. 解：直接人工效率差异＝(10 000－8 000×1.5)×10＝－20 000(元)
　　　　　　　　　　　　(有利差异)
直接人工工资率差异＝108 000－10×10 000＝8 000(元)(不利差异)
直接人工成本总差异＝－20 000－8 000＝－12 000(元)(有利差异)

4. 解：(1)直接材料价格差异＝35 815－3 770×9＝1 885(元)(不利差异)

直接材料数量差异 $= (3\,770 - 290 \times 12) \times 9 = 2\,610$(元)(不利差异)

直接人工工资率差异 $= 11\,571 - 2\,755 \times 4 = 551$(元)(不利差异)

直接人工效率差异 $= (2\,755 - 290 \times 10) \times 4 = -580$(元)(有利差异)

(2) 从略。

5. 解：(1) 铁皮数量差异 $= (800 \times 5 - 3\,900) \times 2 = 200$(元)(有利差异)

铜皮数量差异 $= (800 \times 3 - 2\,600) \times 3 = -600$(元)(不利差异)

总的直接材料数量差异 $= 200 - 600 = -400$(元)(不利差异)

(2) 直接人工工资率差异 $= 3\,400 \times 7 - (2\,000 \times 7 + 1\,400 \times 7.2) = -280$(元)
　　　　　　　　　　(不利差异)

6. 解：变动制造费用效率差异 $= (10\,000 - 8\,000 \times 1.5) \times 3.6 = -7\,200$(元)
　　　　　　　　　　(有利差异)

变动制造费用耗用差异 $= 40\,000 - 10\,000 \times 3.6 = 4\,000$(元)(不利差异)

变动制造费用总差异 $= -7\,200 + 4\,000 = -3\,200$(元)(有利差异)

7. 解：材料数量差异 $= 600 \times (8 - 6) \times 4 = 4\,800$(元)(不利差异)

材料价格差异 $= 600 \times 8 \times (3 - 4) = -4\,800$(元)(有利差异)

材料成本总差异 $= 4\,800 - 4\,800 = 0$

直接人工效率差异 $= 600 \times (3 - 4) \times 8 = -4\,800$(元)(有利差异)

直接人工工资率差异 $= 600 \times 3 \times (9 - 8) = 1\,800$(元)(不利差异)

直接人工成本总差异 $= 1\,800 - 4\,800 = -3\,000$(元)(有利差异)

变动制造费用效率差异 $= 600 \times (3 - 4) \times 3 = -1\,800$(元)(有利差异)

变动制造费用耗用差异 $= 600 \times 3 \times (3.5 - 3) = 900$(元)(不利差异)

变动制造费用总差异 $= 900 - 1\,800 = -900$(元)(有利差异)

8. 解：固定制造费用预算差异 $= 1\,200 - 500 \times 3 = -300$(元)(有利差异)

固定制造费用生产能力差异 $= 3/2 \times (500 \times 3 - 900) = 900$(元)(不利差异)

固定制造费用效率差异 $= 3/2 \times (900 - 400 \times 2) = 150$(元)(不利差异)

固定制造费用总差异 $= -300 + 900 + 150 = 750$(元)(不利差异)

9. 解：固定制造费用预算差异 $= 190\,000 - 10\,400 \times 1.5 \times 12 = 2\,800$(元)
　　　　　　　　　　(不利差异)

固定制造费用效率差异 $= (10\,000 - 8\,000 \times 1.5) \times 12 = -24\,000$(元)
　　　　　　　　　　(有利差异)

固定制造费用生产能力差异 $= (10\,400 \times 1.5 - 10\,000) \times 12 = 67\,200$(元)
　　　　　　　　　　(不利差异)

固定制造费用成本总差异 $= 190\,000 - 8\,000 \times 1.5 \times 12 = 46\,000$(元)
　　　　　　　　　　(不利差异)

10. 解：(1) 变动制造费用耗用差异 $= 10\,000 - 5\,000 \times 3 = -5\,000$(元)

（有利差异）

(2) 固定制造费用预算差异 $= 8\,800 - 4\,000 \times 8 = 800$(元)(不利差异)

固定制造费用生产能力差异 $= (4\,000/4 - 800) \times 8 = 1\,600$(元)(不利差异)

11. 解：实际原材料投入量 $= 53\,000/0.9 = 58\,889$(千克)

P 材料标准投入量 $= 58\,889 \times 2/3 = 39\,259$(千克)

Q 材料标准投入量 $= 58\,889 \times 1/3 = 19\,630$(千克)

原材料数量总差异 $= (34\,000 - 39\,259) \times 2.5 + (22\,000 - 19\,630) \times 2\,370 = -3\,668$(元)(有利差异)

实际产量下 P 的标准用量 $= 56\,000 \times 2/3 = 37\,333.33$(千克)

实际产量下 Q 的标准用量 $= 56\,000 \times 1/3 = 18\,666.67$(千克)

原材料结构差异 $= (34\,000 - 37\,333.33) \times 2.5 + (22\,000 - 18\,666.67) \times 4 = 5\,000$(元)(不利差异)

每千克产品标准成本 $= (2.5 \times 2/3 + 4 \times 1/3) \times 10/9 = 3.33$(元／千克)

原材料产出差异 $= (56\,000 \times 0.9 - 53\,000) \times 3.33 = -8\,658$(元)(有利差异)

(六) 案例分析题

1. 解：直接材料数量差异 $= (13\,200 - 1\,400 \times 10) \times 8 = -6\,400$(元)(有利差异)

直接材料价格差异 $= 13\,200 \times (8.1 - 8) = 1\,320$(元)(不利差异)

直接材料总成本差异 $= -6\,400 + 1\,320 = -5\,080$(元)(有利差异)

直接人工效率差异 $= (2\,580 - 1\,400 \times 2) \times 10 = -2\,200$(元)(有利差异)

直接人工工资率差异 $= 2\,580 \times (27\,348/2\,580 - 10) = 1\,548$(元)(不利差异)

直接人工总成本差异 $= -2\,200 + 1\,548 = -625$(元)(有利差异)

2. 解：(1) 直接材料 A 价格差异 $= 2\,240 \times (5.3 - 5) = 672$(元)(不利差异)

直接材料 B 价格差异 $= 2\,070 \times (3.7 - 4) = -621$(元)(有利差异)

直接材料 C 价格差异 $= 1\,088 \times (7.5 - 7) = 544$(元)(不利差异)

直接材料总价格差异 $= 672 + 544 - 621 = 595$(元)(不利差异)

直接材料 A 数量差异 $= (2\,240 - 4\,478 \times 20/40) \times 5 = 5$(元)(不利差异)

直接材料 B 数量差异 $= (2\,070 - 4\,478 \times 15/40) \times 4 = 1\,563$(元)(不利差异)

直接材料 C 数量差异 $= (1\,088 - 4\,478 \times 10/40) \times 7 = -221$(元)(有利差异)

直接材料数量总差异 $= 1\,563 + 5 - 221 = 1\,348$(元)(不利差异)

原材料实际用量下 A 的标准用量 $= 20/45 \times 5\,398 = 2\,399$(千克)

原材料实际用量下 B 的标准用量 $= 15/45 \times 5\,398 = 1\,799$(千克)

原材料实际用量下 C 的标准用量 $= 10/45 \times 5\,398 = 1\,200$(千克)

直接材料结构差异 $= (2\,240 - 2\,399) \times 5 + (2\,070 - 1\,799) \times 4 +$

$$(1\,088 - 1\,200) \times 7 = -495(元)(有利差异)$$

直接材料产出差异 $= (2\,399 - 4\,478 \times 20/40) \times 5 + (1\,799 - 4\,478 \times 15/40) \times$
$$4 + (1\,200 - 4\,478 \times 10/40) \times 7 \approx 1\,843(元)(不利差异)$$

(2) 直接劳动成本总差异 $= (9\,525 - 60 \times 130) + (2\,626 - 21 \times 130) =$
$$1\,621(元)(不利差异)$$

直接劳动效率差异 $= (750 - 130 \times 5) \times 12 + (404 - 130 \times 3) \times 7 = 1\,298(元)$
$$(不利差异)$$

直接劳动工资率差异 $= (9\,525 - 750 \times 12) + (2\,626 - 404 \times 7) = 323(元)$
$$(不利差异)$$

第八章 财务预算

一、内容的概要解析

(一)财务预算及财务预算管理

在瞬息万变、优胜劣汰的残酷市场竞争中,企业要生存、求发展,就必须明确目标,而盲目经营,缺乏规划往往是企业失败的原因之一,财务预算是将企业经营目标转化为经营实践的必要桥梁。尤其当企业身处经济衰退萧条、市场疲软的宏观环境中,当企业面临生存危机时,财务预算管理将成为企业御寒过冬的必备武器,为企业应对危机助一臂之力。

财务预算是一种综合性的财务规划,是指根据企业战略性的长期目标,在科学的预测和决策的基础上,对预算年度内企业各项经营业务活动和投资、筹资、成本控制等各项财务活动进行合理预计、测算以及优化配置企业各项经济资源并以此实施财务控制和财务监督,作为企业控制未来经营活动的标准和考核评价其结果的依据。

财务预算主要采用货币资金计量的形式将企业确定的经营目标和投资决策、筹资决策具体化、数量化、系统化和精细化,用于指导企业各部门和全体员工的日常工作,起到将企业高层的战略目标转化为基层及员工具体行动的作用。

财务预算有狭义和广义之分,本章所讲授的广义财务预算就是全面预算,是一种总预算。

财务预算的特征是"三全",即全面覆盖、全程跟踪控制和全员参与。在企业内部推行全员主动参与型财务预算,是一种以人为本的现代科学管理理念,具有很强的激励、沟通和教育的功能,是财务预算取得成功的基础。

财务预算管理就是指以编制财务预算为起点,并以此为标准和尺度,围绕财务预算的编制、实施、控制、评价和考核而展开的一系列企业内部管理活动。它是将企业的战略目标及其资源配置以财务预算的方式加以细化、量化,力求将企业高层确定的战略目标转化为全体员工的日常行动,并使之得以实现的企业内部管理活动或过程的总称。

财务预算管理是集权与分权相结合型的现代企业的产物,是与现代企业制度相适应的管理控制系统,是实现企业战略目标、取得市场竞争优势的法宝之一。正如美国著名管理学家戴维·奥利所说,"财务预算管理是为数不多的几个能把企业的所有关键问题融合于一个体系之中的管理控制系统。"财务预算管理更是集团企业加强集权管理,实现集团公司对分公司、子公司内部控制的重要手段,已被越来越多的集团企业作为开展集团化管理行之有效的突破口。

财务预算管理应以"化战略为行动"为主旨,通过分解量化企业的战略目标,在企业内部强化沟通协调,树立企业整体观念,提倡员工主人翁精神,激励全体员工为实现企业战略目标而奋斗,是将企业高层的战略目标转化为基层及员工具体行动的管理控制系统。因此,财务预算管理在公司的经营战略管理中起着目标激励、过程控制及有效奖惩的重要作用。

财务预算管理应当以成本费用控制和现金流量管理为重点。

财务预算管理的中心任务应当是:建立新型的成本效益观念,将"用了算"的事后核算型转向"算了用"的事前控制型;倡导"用数据说话"的公司文化,将经验型的定性管理转向科学型的定量管理;培养员工主人翁精神,激励全员为实现企业愿景和战略目标而奋斗。

(二)财务预算的编制方法

财务预算的编制方法主要有:固定预算方法和弹性预算方法、增量预算方法和零基预算方法、定期预算方法和滚动预算方法、定值预算方法和概率预算方法等。财务预算的各种预算编制方法各有不同的优缺点、作用和适用性,应以不同的预算对象和管理需要而选择。由于各企业经营管理的基础和条件不同,各企业的企业文化和惯例又存在千差万别,加之企业内部各级、各部门、各责任单位和各项经营业务、各预算对象之间又必定存在着各种差异,作为管理工具和控制手段的财务预算也就必然要根据各自特点而灵活采用各种不同的预算编制方法。各种预算编制方法既相互独立又紧密相连,在财务预算管理中,应该综合运用各种预算编制方法,使其优势互补,能更有效提高企业管理水平。

(三)财务预算的编制

首先,财务预算的编制应当明确财务预算编制的原则和总体要求,以奠定财务预算的基础,指导财务预算的正确编制和实施,提高财务预算的管理效率。

其次,应当了解财务预算编制的内容和程序,突出"全面覆盖、全程跟踪控制和全员参与"的特征,将企业的战略目标及其资源配置以财务预算的方式加以具体化、数量化、系统化和精细化,为实现将企业高层的战略目标转化为基层及全体员工的具体行动而奠定基础。

最后,为了避免财务预算编制时轰轰烈烈,实施时将其束之高阁的现象,必须对财务预算的编制和实施进行全程监督控制,不断反馈完善,并建立有效的激励约束机制,奖优罚劣。

二、背景资料

企业的财务预算起源于政府的财政预算。最早的政府财政预算出现于英国。英国是近代资本主义和现代议会制度的发源地。在 14～15 世纪,英国新兴资产阶级的力量逐步壮大,它们充分利用议会同封建统治者争夺财政支配权。它们要求政府的各项收支必须事先作计划,经议会审查通过后才能执行,财政资金的使用要受议会监督,以此来限制封建君主的财政权。财政预算由此在英国率先产生,而后欧洲其他国家和美国也纷纷效仿。

20 世纪初,尤其是第二次世界大战后,美国率先将预算应用于企业,以对企业相关的成本费用进行事先控制,形成企业财务预算。由于企业财务预算能将企业的经营目标量化、细化,分解为企业各基层单位和员工的日常工作要求,有效地将企业经营目标转化为企业经营实践,并能以此对企业进行全面的控制、评价和考核,致使企业财务预算从单纯控制成本费用的管理工具,逐渐演变为"能把企业的所有关键问题融合于一个体系之中的管理控制系统"。

企业财务预算在发展过程中,首先受到美国"管理学之父"泰勒的"科学管理"学说的影响,当时的企业管理方法主要集中在标准成本控制和差异分析以及定额管理上,注重管理科学中的技术与工具,追求技术数学模型的完美性,因此,财务预算多采用"自上而下"的强加式的被动执行型财务预算,强调企业的集权要求,而对组织中人的心理因素和社会关系因素考虑较少,视员工为单纯追求经济利益的经济人,大大降低了财务预算的效果。

20 世纪 20 年代末至 30 年代初,全世界经济大危机,西方经济学家普遍认可的市场有效调节机能受到了冲击。在美国,罗斯福政府从宏观上对经济实施管制,管理学学者们则开始从宏观与微观上研究"造成企业效率下降"的非经济影响因素,把管理学与心理学、社会学相结合,从而动摇了强加式的被动执行型财务预算的基础。

到 20 世纪 50 年代,以帕森斯(T. Parsons)等为代表掀起了经济与社会的经济心理学、经济人类学等的讨论,使现代管理科学中的组织行为科学理论得到了很大的发展。众多研究者从社会学和组织行为科学理论的视角对企业财务预算管理也进行了研究,提出了参与型预算管理模式。Argyris 于 1952 年通过实地调查认为,通过下级管理者参与决定自己预算目标的过程,可以减轻下级完成预算的压力,减轻上级管理者与下级管理者之间的对立,并能有效提高企业效率。Hofstede 也于 1967 年研究发现,影响预算的行为呈现多因素性和复杂性,管理激励和工作的满意程度不仅受到预算严格性和参与的交互影响,而且受到某些社会因素缓冲,如上级对预算的态度、上下级之间信息沟通的方式、他们的性格以及工作的关联性等影响。

因此,在企业内部推行全员主动参与型财务预算,不仅符合集权与分权相结合型的现代企业管理体制,而且体现了以人为本的现代管理科学理念,激发和完善了财务预算应当具有的激励、沟通和教育的功能,有利于引导和激励全体员工在生产经营中充分发挥主观能动性,以主人翁的心态为企业出谋划策,这是财务预算管理取得成功的基础。

阅 读 文 献

[1] CAMMANN C. Effects of the Use of Control Systems[J]. AOS,1976(1～4).

[2] 王斌.企业预算管理及其模式[J].会计研究,1999(11).

[3] 斯蒂芬·A·罗斯,伦道夫·W·威斯特菲尔德,杰弗利·F·杰富.公司理财[M].北京:机械工业出版社,2009.

三、复习题

(一) 思考题

1. 为什么说财务预算管理是现代企业的管理控制系统?

2. 简要说明被动执行型财务预算与主动参与型财务预算的主要区别。

3. 简述财务预算编制的程序和内容。

4. 简述定值预算方法和概率预算方法的区别。

5. 应当如何进行财务预算的控制与考核?

6. 编制现金预算的目的是什么?

7. 简述滚动预算方法的编制步骤。

(二) 判断题

1. 强加式的被动执行型财务预算更适应现代企业管理的需要。　　　　　(　　)

2. 全员主动参与型财务预算更符合现代企业的企业文化和价值观。　　　(　　)

3. 财务预算就是预测和计划。　　　　　　　　　　　　　　　　　　(　　)

4. 一个企业只能采用一种财务预算的编制方法。　　　　　　　　　　(　　)

5. 财务预算管理的重点是销售预算。　　　　　　　　　　　　　　　(　　)

6. "化战略为行动"是财务预算管理的主旨。　　　　　　　　　　　　(　　)

7. 全员主动参与型财务预算的特征是"三全",即全面覆盖、全程跟踪控制和全员参与。　　　　　　　　　　　　　　　　　　　　　　　　　　　　(　　)

(三) 单项选择题

1. 企业的财务预算起源于(　　　)。

　　A. 标准性管理会计的产生　　　　B. 决策性管理会计的产生

　　C. 政府的财政预算　　　　　　　D. 现代管理科学的应用

2. 财务预算编制的前提是(　　　)。

　　A. 成本控制　　　　　　　　　　B. 预算控制

　　C. 企业总体目标和财务决策　　　D. 现金管理

3. 全员主动参与型财务预算体现了(　　　)。

A. 以人为本的现代管理科学理念　B. 员工的愿望

    C. 企业管理者的要求　　　　　　D. 企业客户的需要

4. 强加式的被动执行型财务预算形成的基础是(　　)。

    A. 泰罗"科学管理"学说　　　　B. 现代管理科学

    C. 市场营销学　　　　　　　　D. 管理系统工程

5. 定值预算方法中的预算指标数值是(　　)。

    A. 应用概率计算的期望值　　　B. 变量值

    C. 市场营销学　　　　　　　　D. 确定型的数值

(四) 多项选择题

1. 财务预算编制的主要方法有(　　)。

    A. 增量预算方法和零基预算方法　B. 预算控制

    C. 定期预算方法和滚动预算方法　D. 作业成本

    E. 固定预算方法和弹性预算方法

2. 影响全员主动参与型财务预算形成较多的有(　　)。

    A. 以人为本的现代管理科学　　B. 组织行为学

    C. 市场营销学　　　　　　　　D. 金融学

    E. 证券投资学

3. 全员主动参与型财务预算形成的基础有(　　)。

    A. 泰罗"科学管理"学说

    B. 现代管理科学

    C. 集权与分权相结合型的现代企业管理体制

    D. 管理系统工程

    E. 作业管理

4. 财务预算的重点包括(　　)。

    A. 成本控制　　　　　　　　　B. 预算控制

    C. 差异分析　　　　　　　　　D. 现金管理

    E. 考评经营业绩

5. 财务预算编制的原则包括(　　)。

    A. 由上而下　　　　　　　　　B. 可行性

    C. 客观性　　　　　　　　　　D. 先进性

    E. 先"由上而下",再"由下至上",两种程序相结合

(五) 业务题

1. A公司预期三种不同经济状况下的发生概率及其预计销售量和销售价格资料如表8-1所示。

表8-1　资　料　表

经济状况	概　　率	预计销售量(万件)	预计销售价格(元)
A	0.20	100	20
B	0.50	180	25
C	0.30	210	30

要求：计算 A 公司总销售额的预算期望值。

2. A 公司预计下个月销售量将达到 4 800 件,A 公司每个月的期末存货保持为当月销售量的 10%,A 公司期初存货为 300 件。

要求：计算 A 公司下个月应该计划生产产品的数量。

3. B 公司上年 12 月 31 日的产品存货为 600 件,单位生产成本为每件 28 元。今年 1 月份 B 公司生产了 1 200 件产品,每件单位成本为 32 元。假设今年 1 月份 B 公司出售产品 1 500 件。

要求：

(1) 存货计价采用先进先出法,计算 1 月份的销售成本。

(2) 存货计价采用加权平均法,计算 1 月份的销售成本。

4. C 公司 9 月份实际赊销额为 50 000 万元,预计今年第四季度的赊销额如下：

　　　10 月　　　　　　　　　　　40 000(万元)

　　　11 月　　　　　　　　　　　35 000(万元)

　　　12 月　　　　　　　　　　　60 000(万元)

经验表明,C 公司销售额的 20% 可以在当月收回,70% 可以在下月收回,10% 收不回来,形成坏账。

要求：编制 C 公司今年第四季度的现金收入预算。(不考虑 9 月份以前的赊销额影响)

(六) 案例分析题

芒果公司正在编制公司某年度上半年两个季度的财务预算,现部分财务预算已经编制,如表 8-2 至表 8-6 所示。

另外,该公司年初应收账款余额 150 000 元,公司销售额的 60% 可以在当季收回,40% 可以在下一季度收回。

表8-2　销售预算表

项　　目	第 一 季 度	第 二 季 度	上半年合计
预计销售额(元)	500 000	600 000	1 100 000

表 8-3 流动应付账款及支付预算

单位:元

项 目	第一季度	第二季度
季度初余额	244 000	80 000
预计本季度应付账款增加额	300 000	320 000
本季度应付账款合计	544 000	400 000
减:预计季度末余额	80 000	90 000
季度流动应付账款支付额	464 000	310 000

表 8-4 预付项目预算

单位:元

项 目	第一季度	第二季度
季度初余额	5 000	7 000
预计本季度现金支出额	8 000	9 000
本季度预付项目合计	13 000	16 000
减:预付项目到期额	6 000	8 000
季度末预付项目余额	7 000	8 000

表 8-5 债务清偿预算(元)

单位:元

项 目	第一季度	第二季度
季度初长期借款余额	50 000	49 000
本季度利息费用	1 500	1 470
本金与利息合计	51 500	50 470
减:现金支付(本金和利息)	2 500	2 500
季度末长期借款余额	49 000	47 970

表 8-6 企业所得税预算

单位:元

项 目	第一季度	第二季度
季度初应交所得税余额	25 000	30 000
预计本季度所得税额	30 000	40 000
应交所得税合计	55 000	70 000
减:现金付讫期初所欠额	25 000	30 000
季度末应交所得税余额	30 000	40 000

要求:

(1) 编制芒果公司上半年两个季度的现金预算。假定公司年初现金余额为 50 000 元。

(2) 分析讨论该现金预算所反映的公司现金流量存在的问题。

四、复习题参考答案

(一) 思考题

(略)

(二) 判断题

1. (×)　2. (√)　3. (×)　4. (×)　5. (×)　6. (√)　7. (√)

(三) 单项选择题

1. (C)　2. (C)　3. (A)　4. (A)　5. (D)

(四) 多项选择题

1. (ACE)　2. (AB)　3. (BC)　4. (AD)　5. (BCD)

(五) 业务题

1. 解:A 公司总销售额的预算期望值 = 100 × 20 × 0.2 + 180 × 25 × 0.5 + 210 × 30 × 0.3 = 4 540(万元)

2. 解:应该计划生产产品 = 4 800 × (1 + 10%) − 300 = 4 980(件)

3. 解:(1) 存货计价采用先进先出法的 1 月份的销售成本 = 600 × 28 + 900 × 32 = 45 600(元)

(2) 存货计价采用加权平均法的 1 月份的销售成本 = (600 × 28 + 1 200 × 32) ÷ 1 800 × 1 500 = 46 000(元)

4. 解:

表 8-7　C 公司今年第四季度的现金收入预算

项　　目	本月赊销额 (万元)	现 金 收 入(万元)			
		10 月份	11 月份	12 月份	合　计
9 月份	50 000	35 000			35 000
10 月份	40 000	8 000	28 000		36 000
11 月份	35 000		7 000	24 500	31 500
12 月份	60 000			12 000	12 000
年末余额	60 500				
合　计	—	43 000	35 000	36 500	114 500

（六）案例分析题

（1）

表8-8 芒果公司上半年现金预算表

某年度 单位：元

项　　目	一季度	二季度	上半年
期初现金金额	50 000	500	50 000
加：销售现金收入	450 000	560 000	1 010 000
可供使用现金	500 000	560 500	1 060 000
现金支出总计	499 500	351 500	851 000
流动应付账款支付额	464 000	310 000	774 000
预付项目现金支出额	8 000	9 000	17 000
现金付讫期初所欠所得税额	25 000	30 000	55 000
经营性现金支出小计	497 000	349 000	846 000
现金支付借款本金和利息	2 500	2 500	5 000
现金余缺	500	209 000	209 000
期末现金余额	500	209 000	209 000

（2）由该公司上半年现金预算可知：由于该公司年初现金余额50 000元，足以支付预付项目8 000元和期初所欠所得税额25 000元，因此第一季度的现金支付基本没有困难；但是因为第一季度现金收入仅450 000元，而同期流动应付账款支付额却高达464 000元，说明第一季度的现金流入远低于同期现金流出，导致第一季度末现金余额仅500元，不能满足第二季度初可能要发生的预付项目9 000元和期初所欠所得税额30 000元的现金支出，由此可能会给该公司带来期初现金支付危机（因为期初不可能获得大笔现金收入）。然而，该公司第二季度末却有过多现金结余。

因此，建议该公司，在第一季度末至少筹资40 000元，以满足第二季度初可能发生的预付项目9 000元和期初所欠所得税额30 000元的现金支出；或者，是否可以适当调整流动应付账款支付额，若第一季度减少支付40 000～50 000元，而在第二季度增加支付40 000～50 000元，即可避免现金支付危机。

同时，建议该公司在第二季度末将多余现金150 000元用于投资和偿还借款本息。

第九章 存货管理

一、内容的概要解析

(一)存货管理的意义

存货是指企业在生产经营过程中为生产、销售或者耗用而储备的物资,包括原材料、燃料、低值易耗品、在产品、半成品、产成品和库存商品等。在制造型企业中,存货一般占流动资产很大比重,有的超过一半。存货管理对于企业财务状况等方面的影响很大,所以存货管理对于企业建立长期竞争优势具有重要意义。产品设计、产品质量、产品定价、开工时间、剩余生产能力、对顾客做出适时反映的能力、交货时间以及企业的整体盈利能力等方面都受到存货水平的影响。一般情况下,存货水平高于竞争对手的企业往往处于竞争的劣势,存货管理策略的选择已成为提高企业竞争能力的重要方面。

(二)相关概念

存货控制是指按照一定的标准和方法通过一定的程序对企业的库存材料存货、在产品存货和产成品存货的批量及成本所进行的控制。具体包括材料采购成本控制、生产过程中材料成本控制、人工成本控制、制造费用控制和在产品成本控制等内容。

经济订货批量是指在保证生产经营需要的前提下能使全年材料相关总成本最低的采购批量。经济订货批量控制包括三项基本内容:① 利用有关模型计算经济订货批量;② 计算全年最低相关总成本;③ 在经济订货批量的基础上计算每年的经济订货次数。

经济订货批量控制的相关成本是指确定经济批量时必须考虑的成本,在不同的情况下,经济订货批量控制应考虑的相关成本的具体构成内容不同,但无论在什么情况下变动订货成本和变动储存成本都是要考虑的。而满足四个简单条件的经济订货批量基本模型只需考虑变动订货成本和变动储存成本。

存在数量折扣的经济订货批量控制中,必须将采购成本纳入相关成本,因为这时采购批量的大小直接决定采购价格的高低,进而影响到采购成本水平。

在允许发生缺货的经济订货批量控制中,需要将缺货成本作为应控制的一项相关成本来考虑。缺货成本是指因材料供应发生短缺,无法及时满足正常生产经营需要而造成的损失,可按经验加以估算。

如果每次订货的货款都是一次支付,但货物要陆续到达,陆续到货会使材料年均储存量发生变化,进而使储存成本模型有所改变。

企业组织日常存货控制一般按两种方式进行:一种是定量订货控制方式;另一种是定期订货控制方式。它们虽然出发点不一样、计算依据不一样、适用条件也不一样,但都必须考虑满足材料供应和降低资金占用的要求。日常存货控制常用的方法主要有 ABC 分类控制、JIT(just-in-time)存货控制等。

定量订货控制方式是以先行计算的经济订货批量为定量采购的基础,以现有材料实际库存量是否达到固定的再订货点作为是否采购的标志的一种采购方式。再订货点的确定是应用此方法的关键,再订货点受到材料平均每日耗用量、订货提前期和保险储备量等因素的影响。定量订货控制的特点是采购批量固定不变,采购日期不固定。

定期订货控制方式是在事先决定的固定订货周期的基础上,按照预计的定期订货量标准与各订货日当时的实际库存量之间的差额作为每次实际订货量的一种订货方式。定期订货控制的特点是:定期组织订货,但每次实际订货量不固定。

二、背景资料

企业日常存货控制除了教材中所介绍的定量订货控制、定期订货控制、ABC 分类控制、适时生产系统(just-in-time production system)存货控制外,由于计算机科学的发展,西方企业采用了一种"物料需求计划"存货控制模式。此种模式的发展可分成四个阶段。

1. MRP 阶段

物料需求计划(material requirement planning,MRP),是 20 世纪 60 年代发展起来的一种将存货管理与生产进度计划结合在一起的计算机辅助生产管理系统。它可以用来计算物料需求量和需求时间,以此来控制库存量。而不需要用经济订货(生产)量基本模型和再订货点来确定物料需求量和需求时间,比按经济订货(生成)量和再订货点更适合按需要适时组织生产。在制造业中对物料的需求分为独立需求和相关需求。独立需求是外界对企业相关产品或服务的需求;相关需求是与其他需求存在依存关系的需求。基于在制造过程中相关需求的情况,MRP 的基本思想是:围绕物料转化组织制造资源,实现按需要适时生产。

2. 闭环 MRP 阶段

在闭环 MRP 中,生产计划和物料需求计划制定后,要通过能力需求计划等模块进行生产能力平衡和计划调整。它还能收集生产活动的执行情况,作为制定下一个周期计划或调整计划的依据,从而形成计划-执行-反馈的生产管理闭环。

3. MRPⅡ 阶段

在生产管理闭环的基础上加入财务及成本管理、营销管理、作业监控等功能模块,形成了一个能覆盖企业全部生产资源的管理信息系统。1987年,美国人怀特倡议给该系统一个新名字——制造资源计划(manufacturing resource planning, MRP Ⅱ)。MRP Ⅱ不仅用来计算物料需求量和需求时间,而且可以进行生产监控,完成物料供应、产品生产、营销管理和财务管理。

4. ERP阶段

ERP吸收了供应链的管理思想和敏捷制造技术,使供应链从采购、生产、销售各环节的资源无间断地集成。ERP是企业物流、信息流、资金流的集成,因此称为企业资源计划(enterprise resource planning)。

ERP为生产管理专业化提供了有效工具,能正确预测所需材料,防止缺货,降低半成品库存。此外,ERP还能发挥计划和控制的作用,采用库存循环盘点,保持了库存记录的准确性,解决了生产管理方面数据准确采集的问题,ERP可以计算某类产品所有子项的现有库存成本、顾客需求量成本和预计入库量成本,从而将存货储存成本控制在最低水平。

特别是供应链的网络化,ERP能够使企业经营活动的物流、信息流、资金流和票据流加以集成和综合,从采购原材料开始,到制成产成品,最后由销售网络把产品送到消费者手中的将供应商、企业、分销商、零售商直到最终用户连成一个整体的功能网络结构模式,实现资源的优化配置,加快对市场的反应速度,从而最终提高企业的经济效益和核心竞争能力。在ERP环境下,经济订货(生产)批量的基本模型已不再起作用。

存货管理应根据企业的不同类型、不同的生产环境和不同的生产技术水平,采用不同的方法。

阅 读 文 献

[1] 唐·汉森,玛丽安娜·莫温. 管理会计[M]. 8版. 北京:北京大学出版社,2010.

[2] 吴大军. 管理会计[M]. 2版. 大连:东北财经大学出版社,2010.

[3] 吴大军. 管理会计习题与案例[M]. 2版. 大连:东北财经大学出版社,2010.

[4] 单昭祥,等. 新编现代管理会计学[M]. 大连:东北财经大学出版社,2010.

[5] 单昭祥,等. 新编现代管理会计学辅导与练习[M]. 大连:东北财经大学出版社,2009.

[6] 杨学富,等. 管理会计实训教程[M]. 2版. 大连:东北财经大学出版社,2010.

[7] 李天民. 管理会计习题与解答[M]. 2版. 上海:立信会计出版社,1999.

[8] 王庆成. 财务管理学[M]. 大连:东北财经大学出版社,2010.

三、复习题

(一) 思考题

1. 存货控制包括哪些内容?

2. 如何理解存货控制和成本控制的关系?

3. 定量订货控制和定期订货控制各自有什么优点和缺点?

4. 企业用同一种生产设备轮换分批生产几种产品或零部件时,进行经济生产批量控制应考虑哪些因素?

5. 试述物料需求计划(MRP)、制造资源计划(MRP Ⅱ)、企业资源计划(ERP)的特点。

6. 为什么说企业资源计划(ERP)彻底否定了经济订货(生产)批量的基本模型?

7. 经济订货批量的扩展模型有哪些?

8. 为什么说制造资源计划(MRP Ⅱ)和企业资源计划(ERP)是企业优化存货控制和管理的一个很重要的途径。

(二) 判断题

1. 存货全年需要量、单位存货年储存变动成本和单价的变动会引起经济订货批量占用资金同方向变动;每次订货的变动成本会引起经济订货批量占用资金反方向变动。 (   )

2. 订货成本的高低取决于订货的数量与质量。 (   )

3. 订货提前期对存货的每次订货数量、订货次数和订货间隔时间无影响。 (   )

4. 经济订货批量大小与订货提前期长短有密切关系,订货提前期越长,经济订货批量也就越大。 (   )

5. 当某种存货的数量比重达到 70% 左右时,可以将其划为 A 类存货,进行重点控制。 (   )

6. ABC 分类法一般只适用于多品种经营企业的成本控制。 (   )

7. 全年经济订货次数等于材料全年需用量除以经济批量得到的数值。 (   )

8. 在经济订货批量控制的基本模型中,采购成本属于相关成本。 (   )

9. 存在数量折扣时,全年经济订货次数的计算公式与简单条件下的公式相同。 (   )

10. 保险储备量是指为保证防止材料意外毁损而事先准备的储存量。 (   )

11. 在定期订货控制下,控制存货的关键是预计订货水平的确定。 (   )

12. 开展经济生产批量控制的目的就是使企业相关总成本之和为最低。 (   )

(三) 单项选择题

1. 下列属于缺货成本的是(   )。

A. 储存存货发生的仓储费用

B. 存货残损霉变损失

C. 存货的保险费用

D. 产品供应中断导致延误发货的信誉损失

2. 实行数量折扣的经济订货批量模式所应考虑的成本因素是( )。

A. 订货成本和储存成本　　　　B. 采购成本、订货成本和储存成本

C. 采购成本和储存成本　　　　D. 订货成本、储存成本和缺货成本

3. 下列订货成本中,属于变动性订货成本的是( )。

A. 采购员的差旅费　　　　　　B. 采购部门的基本开支

C. 存货残损变质损失　　　　　D. 采购部门的办公费

4. 采用 ABC 分类控制法时,A 类存货应符合( )。

A. 品种数占总品种数的 10%,但价值占总价值 70%

B. 品种数占总品种数的 70%,但价值占总价值 10%

C. 品种数占总品种数的 70%,但价值占总价值 30%

D. 品种数占总品种数的 30%,但价值占总价值 10%

5. 在 ABC 分类法下,有一类存货的实物量比重和储存成本比重较为接近,它就是( )。

A. C 类存货　　　　　　　　　B. B 类存货

C. A 类存货　　　　　　　　　D. A 或 C 中的一类存货

6. 在不同的情况下,经济批量模型相关成本所包含的内容是( )。

A. 相同的　　　B. 不同的　　　C. 不变的　　　D. 变化无常的

7. 下列各项中,不属于建立存货经济批量基本模型所依据假设的是( )。

A. 一定时期需求量可以确定　　B. 存货集中到货

C. 存货进价稳定　　　　　　　D. 允许缺货

8. 在存在商业折扣时,衡量是否达到经济采购批量的关键标志是( )。

A. 相关总成本最低　　　　　　B. 采购数量最多

C. 采购价格最低　　　　　　　D. 材料质量最高

9. 在允许缺货的情况下,衡量是否达到经济订货批量的关键标志是( )。

A. 订货成本与储存成本相等

B. 订货成本与存储成本之和最低

C. 缺货成本与储存成本之和最低

D. 订货成本,储存成本和缺货成本之和最低

10. 某企业全年需要甲材料 240 吨,每次进货成本为 40 元,每吨材料的年储存成本为 12 元,则每年的最佳进货次数为( )次。

A. 3   B. 4   C. 6   D. 9

11. 在最优生产批量控制中,直接材料成本属于(   )。

　　A. 直接相关成本　　　　　B. 间接相关成本

　　C. 无关成本　　　　　　　D. 固定成本

12. 在其他条件不变的情况下,生产批量越大,年储存成本(   )。

　　A. 越大　　　B. 越小　　　C. 越不确定　　D. 越不会变化

(四) 多项选择题

1. 下列各项因素中,影响经济订货批量大小的有(   )。

　　A. 仓库人员的固定月工资　　　B. 存货的年耗用量

　　C. 存货占用资金的应记利息　　D. 保险储备量

　　E. 缺货损失

2. 确定建立保险储备量时的再订货点,需要考虑的因素有(   )。

　　A. 订货提前期　　B. 平均日耗用量　C. 保险储备量　　D. 平均日库存量

　　E. 存货周转天数

3. 在存货陆续供应和使用的情况下,导致经济批量增加的因素有(   )。

　　A. 存货年需要量增加　　　B. 日耗用量增加

　　C. 一次订货成本增加　　　D. 日耗用量降低

　　E. 单位储存变动成本增加

4. 缺货成本指由于不能及时满足生产经营需要而给企业带来的损失,它们包括(   )。

　　A. 商誉(信誉)损失　　　　B. 延期交货的罚金

　　C. 临时订货增加的费用　　D. 停工待料损失

　　E. 商品存货不足而丧失的利润

5. 下列项目中,属于存货控制范畴的有(   )。

　　A. 存货种类控制　　　　　B. 存货地点控制

　　C. 存货批量控制　　　　　D. 存货质量控制

　　E. 存货成本控制

6. 在下列项目中,与存货经济订货批量无关的有(   )。

　　A. 储存变动成本　　　　　B. 年度计划存货需要量

　　C. 存货单价　　　　　　　D. 存货的进货成本

　　E. 存货的缺货成本

7. 在以下有关经济订货批量特征的描述中,正确的有(   )。

　　A. 与存货的年度总需求量成正比

　　B. 与每次订货的变动成本成正比

C. 与单位存货的年储存成本成反比

D. 与存货的交易成本成正比

E. 与存货的购置成本成正比

8. 在下列项目中,属于变动性存货存储成本内容的有(　　)。

 A. 库存短缺紧急额外购入成本 B. 存货的过期损失

 C. 存货占用资金的应计利息 D. 仓库租赁费用

 E. 存货的破损变质损失

9. 在简单条件下,开展经济订货批量控制必须考虑的相关总成本包括(　　)。

 A. 相关订货成本   B. 相关生产成本

 C. 相关运输成本   D. 相关储存成本

 E. 相关销售成本

10. 企业在组织日常采购控制时,可以考虑采用的方式有(　　)。

 A. 定量采购方式   B. 定性采购方式

 C. 定期采购方式   D. 定额采购方式

 E. 定批采购方式

11. 在下列各项因素中,能够影响再订货点的有(　　)。

 A. 交货期   B. 材料日均消耗量

 C. 保险储备量   D. 保管毁损量

 E. 保质期

12. 下列各项中,能够揭示定期订货控制方式特点的有(　　)。

 A. 定期组织   B. 订货数量不固定

 C. 订货周期固定   D. 采购日期不固定

 E. 定量组织

(五) 业务题

1. 某企业年需用甲材料 250 000 千克,单价为 10 元/千克,目前企业每次订货量和每次订货成本分别为 50 000 千克和 400 元/次。

 要求:

 (1) 计算该企业每年存货的订货成本。

 (2) 若单位存货的年储存成本为 0.1 元/千克,企业存货管理相关最低总成本控制目标为 4 000 元,计算企业每次订货成本限额。

 (3) 若企业通过测算可达到上述(2)的限额,其他条件不变,计算该企业的经济订货批量以及存货占用资金的数额。

 2. 假设某公司与库存有关的信息如下:

 (1) 某种材料年需求量为 30 000 单位(假设每年按 360 天计算)。

（2）该材料的买价为每单位 100 元。

（3）库存储存成本是商品买价的 30%。

（4）订货成本每次为 60 元。

（5）公司希望的保险储备量为 750 单位。

（6）订货数量只能按 100 的倍数（四舍五入）确定。

（7）订货至到货的时间为 15 天。

要求：

（1）计算最优经济订货批量是多少。

（2）分析存货水平为多少时应补充订货。

（3）计算存货平均占用多少资金。

3. 某企业材料全年需求量为 9 600 千克，产品单位成本为每千克 6 元，每批调整准备成本为 20 元，产品单位年储存成本为 1.2 元，每日生产量为 100 千克，每日耗用量为 50 千克。

要求：

（1）试计算经济生产批量及经济生产批次。

（2）计算相关最低总成本。

（3）如果不是边生产边领用，其经济订货批量应为多少？

4. 某企业有一台设备分批加工甲、乙两种零件，有关资料如表 9-1 所示。

表 9-1 两种零件资料表

序号	零件	全年需用量（件）	每次调整准备成本（元）	单位储存成本（元）	每天生产量（件）	每天发出量（件）
1	甲	1 200	120	1.5	30	15
2	乙	2 400	230	2.0	15	9

要求：确定甲、乙两种零件的最优生产批量。

5. 某公司每年需用甲零件 3 600 件，一次订货成本为 50 元，年单位储存成本为 4 元，平均每一次交货时间为 10 天，为防止需求变化引起缺货损失，设保险储备量为 100 件。

要求：计算再订货点。

6. 某公司每年需用乙材料 3 600 千克，单价为每千克 4 元，一次订货成本为 10 元，单位储存成本为 0.8 元。

要求：

（1）计算经济订货批量及相关总成本。

（2）计算最佳订货次数、最佳订货周期、经济订货量占用资金。

（3）全年按 360 天计算，若每天最大耗用量为 12 千克，订货提前期为 6 天，计算保险储备量和再订货点。

（4）如果全年需求量为 7 200 件，其他条件不变，此时，经济订货批量及相关最低总成本为多少？

（六）案例分析题

1. 某商店拟放弃现在经营的商品甲，改为经营商品乙，有关资料如下：

（1）甲的年销售量 3 600 件，进价 60 元，售价 100 元，单位储存成本 50 元，一次订货成本 250 元。

（2）乙的预计年销售量 4 000 件，进价 500 元，售价 540 元，单位储存成本 10 元，一次订货成本 288 元。

（3）该商店按经济订货批量进货，假设需求均匀，销售无季节性变化。

（4）假设商品要求的报酬率为 18%，不考虑所得税。

要求：计算分析该商店应否调整经营品种（提示：要考虑资金占用的变化）。

2. 某机器制造厂主要制造各种机器设备，由于产品质量优良，价格合理，市场需求量很大。但是由于原材料钢材价格的不断上涨，该公司近期不得不更加注重钢材的采购策略。假如你是该公司的财务总监，正在做一个关于钢材采购的决策。

财务人员已经将有关材料搜索整理完毕：本公司全年需用钢材 8 000 吨，按经验数据每次订货的变动性订货成本为 100 元，单位材料年平均变动性储存成本为 80 元。供货方规定：当一次采购量小于或等于 100 吨时，单价为 2 200 元；采购批量大于 100 吨小于 500 吨时，单价为 2 000 元；采购批量等于或大于 500 吨时，单价为 1 950 元。公司不允许出现缺货现象，且每批订货均能一次到货。

要求：根据相关材料进行计算和分析，最后形成一个关于钢材采购的策略。

四、复习题参考答案

（一）思考题

（略）

（二）判断题

1.（×） 2.（×） 3.（√） 4.（×） 5.（×） 6.（×） 7.（√） 8.（×）
9.（×） 10.（×） 11.（√） 12.（√）

（三）单项选择题

1.（D） 2.（B） 3.（A） 4.（A） 5.（B） 6.（B） 7.（D） 8.（A）
9.（D） 10.（C） 11.（C） 12.（A）

（四）多项选择题

1.（BC） 2.（ABC） 3.（ABC） 4.（ABCDE） 5.（CE） 6.（CE）

7. (ABC) 8. (CE) 9. (AD) 10. (AC) 11. (ABC) 12. (ABC)

(五) 业务题

1. 解: (1) 年相关订货成本 = $250\,000 \div 50\,000 \times 400 = 2\,000$ (元)

(2) 每次订货成本限额为: $P = T^2/2QC = 4\,000^2 \div (2 \times 250\,000 \times 0.1) =$
$$320 (元/次)$$

(3) 经济订货批量 = $\sqrt{2 \times 250\,000 \times \dfrac{320}{0.1}} = 4\,000$ (千克)

存货占用资金 = $40\,000 \div 2 \times 10 = 200\,000$ (元)

2. 解: (1) 经济订货批量 = $\sqrt{2 \times 30\,000 \times \dfrac{60}{100 \times 30\%}} = 346$ (单位)

四舍五入后应选 300 (单位)。

(2) 再订货点 = $30\,000 \div 360 \times 15 + 750 = 2\,000$ (单位)

(3) 占用资金 = 采购批量 $\div 2 \times$ 单价 + 保险储备量 $\times$ 单价 =
$$30\,000 \div 360 \times 100 + 750 \times 100 = 90\,000 (元)$$

3. 解: (1) 经济生产批量 $(Q)^* = \sqrt{\dfrac{2 \times 9\,600 \times 20}{1.2 \times \left(1 - \dfrac{50}{100}\right)}} = 800$ (千克)

经济生产批次 $(N)^* = \dfrac{9\,600}{800} = 12$ (次)

(2) $T^* = \dfrac{2 \times 9\,600 \times 20}{800} = 480$ (元)

或 $\quad T^* = \sqrt{2 \times 9\,600 \times 20 \times 1.2 \times \left(1 - \dfrac{50}{100}\right)} = 480$ (元)

(3) $Q^* = \sqrt{\dfrac{2 \times 9\,600 \times 20}{1.2}} = 566$ (千克)

4. 解: $N^* = \sqrt{\dfrac{1\,200 \times 1.5 \times \left(1 - \dfrac{15}{30}\right) + 2\,400 \times 2 \times \left(1 - \dfrac{9}{15}\right)}{2 \times (120 + 230)}} \approx 2$ (批)

因此, 甲、乙两种零件的经济生产批量分别为:

$Q_甲^* = 1\,200/2 = 600$ (件)

$Q_乙^* = 2\,400/2 = 1\,200$ (件)

即共同最优生产批数为 2 批, 轮换生产时, 每批应安排生产甲零件 600 件, 乙零件 1 200 件。

5. 解：因再订货点(RP) = 平均每日耗用量×订货提前期＋保险储备量

故 $RP = 10 \times \dfrac{3\,600}{360} + 100 = 200$(件)

或由：

$$Q^* = \sqrt{\dfrac{2 \times 3\,600 \times 50}{4}} = 300(件)$$

$$N^* = \dfrac{3\,600}{300} = 12(次)$$

间隔期 $= \dfrac{360}{12} = 30(天)$

平均每日耗用量 $= \dfrac{300}{30} = 10(件)$

得：$RP = 10 \times 10 + 100 = 200$(件)

6. 解：(1) $Q^* = \sqrt{\dfrac{2 \times 3\,600 \times 10}{0.8}} = 300$(件)

$T^* = 0.8 \times 300 = 240$(元)

或 $T^* = \sqrt{2 \times 3\,600 \times 10 \times 0.8} = 240$ (元)

(2) $N^* = \dfrac{3\,600}{300} = 12$(次)

$T^* = \dfrac{12}{12} = 1(月) = 30(天)$

经济订货批量占用资金＝(300÷2)×4＝600(元)

(3) 保险储备量 $= \left(12 - \dfrac{3\,600}{360}\right) \times 6 = 12$(件)

再订货点(RP) $= 12 \times 6 = 72$(件)

或 $R = 12 + 10 \times 6 = 72$(件)

(4) $Q^* = \sqrt{\dfrac{2 \times 7\,200 \times 10}{0.8}} = 424$(件)

$T^* = 0.8 \times 424 = 339.2$(元)

或 $T^* = \sqrt{2 \times 7\,200 \times 10 \times 0.8} = 339.41$(元)

（六）案例分析题

1. 解：(1) 计算收益的增加：

甲的毛利 ＝ (100－60)×3 600 ＝ 144 000(元)

乙的毛利 ＝ (540－500)×4 000 ＝ 160 000(元)

经营乙收益增加 $= 160\,000 - 144\,000 = 16\,000$(元)

(2) 计算成本的增加：

甲的经济订货批量 $= \sqrt{2 \times 3\,600 \times \dfrac{250}{5}} = 600$(件)

乙的经济订货批量 $= \sqrt{2 \times 4\,000 \times \dfrac{288}{10}} = 480$(件)

甲存货平均占用资金 $= 600/2 \times 60 = 18\,000$(元)

乙存货平均占用资金 $= 480/2 \times 500 = 120\,000$(元)

甲占用资金应计利息 $= 18\,000 \times 18\% = 3\,240$(元)

乙占用资金应计利息 $= 120\,000 \times 18\% = 21\,600$(元)

甲的储存与订货成本 $= \sqrt{2 \times 3\,600 \times 250 \times 5} = 3\,000$(元)

乙的储存与订货成本 $= \sqrt{2 \times 4\,000 \times 250 \times 10} = 4\,800$(元)

甲的总成本 $= 3\,240 + 3\,000 = 6\,240$(元)

乙的总成本 $= 21\,600 + 4\,800 = 26\,400$(元)

经营乙成本增加 $= 26\,400 - 6\,240 = 20\,160$(元)

结论：经营乙成本增加(20 160 元)超过收益增加(元)，所以不应调整。

2. (1) 先计算不考虑数量折扣政策的情况下的经济订货批量和最低的相关总成本：

$$(Q^*) = \sqrt{\dfrac{2PA}{C}} = \sqrt{\dfrac{2 \times 100 \times 8\,000}{80}} \approx 141(吨)$$

适用的价格 $p = 2\,000$ 元

$$TC = p \cdot \dfrac{A}{Q} + c \cdot \dfrac{Q}{2} + p \cdot A = 100 \times \dfrac{8\,000}{141} + 80 \times \dfrac{141}{2} +$$
$$2\,000 \times 8\,000 = 16\,011\,314(元)$$

(2) 再考虑有数量折扣时的相关总成本：

当 $Q = 100$ 吨时，单价 $= 2\,200$(元)

$$TC = 100 \times \dfrac{8\,000}{100} + 80 \times \dfrac{100}{2} + 2\,200 \times 8\,000 = 17\,612\,000(元)$$

当 $Q = 500$ 吨时，单价 $= 1\,950$(元)

$$TC = 100 \times \dfrac{8\,000}{500} + 80 \times \dfrac{500}{2} + 1\,950 \times 8\,000 = 15\,621\,600(元)$$

(3) 最后比较各种批量下的相关总成本，由于订货量为 500 吨时，相关总成本(15 621 600 元)为最低。所以做出以下决策结论：每次采购 500 吨，每年分 16 次采购，相关成本为 15 621 600 元。

第十章 责任会计

一、内容的概要解析

（一）责任会计内容和核算原则

1. 责任会计的基础条件

责任会计的重点在于利用会计信息对各分权单位的业绩进行计量、控制与考核，它的基础条件包括以下几个方面：

(1) 明确规定权责范围。

(2) 正确编制责任预算。

(3) 制定业绩考核标准。

(4) 制定内部转移价格。

(5) 建立健全信息系统。

(6) 制定合理而有效的奖惩制度。

2. 责任会计的核算内容和程序

(1) 为了准确核算各责任中心的经营业绩，必须首先明确各项业务的责任对象。财务会计是以企业实体的经济活动为核算对象的，而责任会计是以企业中的各责任中心的经济责任为核算对象的，责任中心所要反映和评价的是每一个责任中心的工作业绩。当企业建有责任中心体系时，企业所发生的每一项经济业务都由特定的中心负责，所以，一切与该责任中心相关的业务和事项都可归属到某一责任中心，都是责任会计所需核算的内容。

(2) 责任会计核算的一般程序如下：① 为各责任中心制定责任预算或确定目标；② 准确地核算各责任中心的经营业绩；③ 评价和考核各类责任中心经济责任的执行情况；④ 通过调查和分析，编制责任会计报告。

(3) 责任会计报告是责任会计提供信息的媒介，也是责任会计的工作成果。

3. 责任会计的核算原则

责任中心应遵循责任主体、目标一致、可控性、激励和反馈等原则。

（二）责任中心

责任中心是指在企业内部具有一定的管理权限，承担相应经济责任，并能够严格控制经济责任指标的部门、单位或个人。责任中心按其责任权限范围及业务活动的特点不同，可分为成本中心、利润中心和投资中心三大类。

责任中心设置的基本原则,包括责权利相结合原则;目标一致原则;公平原则;可控原则。

1. 成本中心

(1)成本中心是指那些只能控制成本从而只对成本负责的责任中心。成本中心的生产经营活动只发生成本或费用,通常没有收入,因而成本中心不需对收入、利润及投资负责。

(2)成本中心有狭义和广义之分。狭义的成本中心是指对产品生产或劳务提供资源的耗费负责的责任中心,也即主要指生产产品或提供劳务的责任中心,即标准成本中心;广义的成本中心除狭义的成本中心外,还包括那些非生产性的以控制经营管理费用为主的责任中心,也即费用中心。

(3)成本中心只对成本或费用负责,但这并不意味着能对其责任区域内的全部成本或费用负责。因此,为了正确确定成本中心的责任对象,明确各成本中心承担的责任范围,必须按可控性将成本分为"可控成本"和"不可控成本"。

可控成本是相对于不可控成本而言的。凡是责任中心能控制的各种耗费称为可控成本,凡责任中心不能控制的耗费则为不可控成本。对某一个成本中心来说,可控成本应具备如下几个条件:① 成本中心能预知将发生什么样性质的耗费;② 成本中心有办法计量它的耗费;③ 成本中心有办法控制并调节它的耗费。

属于某个成本中心的各项可控成本之和,即为该中心的责任成本。

必须注意的是,一项费用是否为可控成本,不是由费用本身确定的,而是对成本中心而言的。因为一个成本中心的不可控成本,可能是另一个成本中心的可控成本;下一级成本中心的不可控成本,对于上一级成本中心来说,往往是可控的。例如,材料的价格,对供应部门来说是可控的,但对生产部门来说就是不可控;又如,制造费用中的固定费用,对生产小组来说是不可控的,但对车间来说却是可控的。

(4)成本中心的业绩考核。成本中心当期发生的各项可控成本的总和,构成了其责任成本,成本中心控制和考核的内容就是其责任成本,而不是产品成本。成本中心的主要责任就是控制和降低其责任成本。成本中心的责任成本与产品成本既有联系又有区别,两者在性质上是相同的,同为企业生产经营过程中的资金耗费,两者的区别主要在于:

一是成本核算的对象不同。产品成本是以一定种类或批次的产品为计算对象;而责任成本是以责任中心为对象归集的生产或经营管理费用。

二是成本核算的原则不同。产品成本的核算原则是"谁受益,谁承担";而责任成本的核算原则是"谁负责,谁承担"。

三是成本核算的内容不同。产品成本既包括可控成本,又包括不可控成本,只要应归属产品的,都是产品成本;而责任成本的核算只包括可控成本,不可控成本只作为参考指标。

四是成本核算的目的不同。产品成本核算能为考核成本计划完成情况及计算利润、制定产品价格提供依据,是实施经济核算制的重要手段;而责任成本核算则是为了评价和考核责任预算的执行情况,是进行成本控制和考核成本责任的重要手段。

责任成本与产品成本虽有区别,但两者又有密切的联系。首先,两者核算的原始成本信息是相同的,只是加工整理的主体不同;其次,两者归集的成本都是企业生产经营过程中实际发生的耗费,因此,在狭义的成本中心范围内,一定时期的责任成本总额和一定时期的产品成本总额是相等的。分清产品成本和责任成本,是责任中心核算的一个基本前提。

由于成本中心只对成本负责,职责比较单一,因而,对其业绩进行评价和考核的重点是责任成本。

(5) 责任成本考核指标。

成本中心的考核指标主要是目标成本节约额和目标成本节约率,其计算公式如下:

$$目标成本节约额 = 目标(或预算)成本 - 实际成本$$

$$目标成本节约率 = \frac{目标成本节约额}{目标成本} \times 100\%$$

成本中心责任报告是以实际产量为基础,反映责任成本预算实际执行情况,揭示实际责任成本与预算责任成本差异的内部报告。成本中心通过编制责任报告,以反映、考核和评价责任中心责任成本预算的执行情况。

2. 利润中心

利润中心是对利润负责的责任中心。由于利润中心对收入与成本的差额利润负责,所以其对收入和成本都要承担责任。利润中心通常是那些具有产品或劳务生产经营决策权的部门。

(1) 利润中心类型。按照收入来源的性质不同,利润中心可分为自然利润中心和人为利润中心两类。

(2) 利润中心考核指标的重点是边际贡献和利润。其考核指标可采用以下四种形式,即部门边际贡献、部门经理可控利润、部门可控利润和部门税前利润。

(3) 利润中心通过编制责任报告,可以集中反映利润预算的完成情况,并对其产生差异的原因进行具体分析。

3. 投资中心

投资中心是指既要对成本、利润负责,又要对投资效果负责的责任中心。一般而言,大型集团所属的子公司、分公司、事业部往往都是投资中心。

(1) 投资中心的考核指标主要是投资报酬率和剩余收益。计算公式为:

投资报酬率又称投资利润率,是指投资中心所获得的利润与投资额之间的比率。

$$投资报酬率 = \frac{利润}{经营资本平均额} \times 100\%$$

剩余收益 = 营业利润 - 经营资产 × 规定的最低报酬率(给定的资金成本率)

(2)通过编制投资中心责任报告,可以反映该投资中心投资业绩的具体情况。

（三）内部转移价格

1. 内部转移价格的含义

内部转移价格是指企业内部各责任中心之间转移中间产品或相互提供劳务,而发生内部结算和进行内部责任结转所使用的计价标准。在其他条件不变的情况下,内部转移价格的变化会使买卖双方利润向相反方向变化,但企业总利润是不变的。

2. 内部转移价格的种类

内部转移价格的种类有以市价为基础的内部转移价格和以成本为基础的内部转移价格。

(1)市场价格是根据产品或劳务的市场供应价格作为计价基础的。在利润中心或投资中心之间转移产品或劳务,以市价为内部转让价格,最符合责任会计的要求。

(2)协商价格是指买卖双方以正常的市场价格为基础,定期共同协商,确定出一个双方都愿意接受的作为计价标准的价格。在以市价为上限、以单位变动成本为下限的范围内,双方通过协商共同议定价格。

(3)双重价格是指由买卖双方分别采用不同的内部转移价格作为计价基础的价格,以使买卖双方都有动机"卖"和"买",而使企业整体得到好处。通常"卖方"按协商的市场价格计价,而"买方"则按"卖方"的单位变动成本计价。

3. 变动成本加固定费用转移价格

这种方法要求中间产品的转移用单位变动成本来定价,与此同时,还应向购买部门收取固定费,作为长期以低价获得中间产品的一种补偿。

4. 全部成本转移价格

以全部成本或者以全部成本加上一定利润作为内部转移价格。

二、背景资料

（一）责任会计概要

责任会计是将会计与分权管理相结合而形成的一种企业内部控制的制度,责任成本是指为适应企业内部经济责任制的要求,对企业内部各责任中心的经济业务进行规划与控制,以实现业绩考核与评价的一种内部会计控制制度。其基本内容包括设置责任中心,编制责任预算,实施责任监控和进行业绩考核评价等。

分权管理思想是责任会计产生的客观要求,行为科学、管理科学是责任会计形成和发展的理论基础。

建立责任中心应遵循责任主体、目标一致、可控性、激励和反馈等原则。

责任中心是权、责、利三者结合企业内部责任主体,主要包括成本中心、利润中心和投资中心三种基本类型。成本中心是应对成本和费用负责的责任中心,考核评价其业绩的主要指标是责任成本;利润中心是应对利润负责的责任中心,考核评价其业绩的主要指标是边际贡献和可控边际贡献;投资中心是应对投资收益负责的中心,考核评价其业绩的主要指标是投资报酬率和剩余收益。对利润中心和投资中心进行业绩考核评价时,除了财务指标外,还应重视其他各项非财务指标。

内部转让价格是企业内部各责任中心之间互相提供产品或劳务的结算价格,其重要类型有市场价格、协商价格、双重价格、变动成本加固定费转移价格和全部成本转移价格等。

(二)投资报酬率和剩余收益的应用

1. 投资报酬率

投资报酬率是全面评价投资中心各项经营活动的综合性质量指标。它将企业赚取的收益和所使用的资产联系起来,既能揭示投资中心的销售利润水平,又能反映资产的使用效果。利用投资报酬率指标不仅能够使不同经营规模的责任中心的业绩具有可比性,从而对各利润中心的业绩做出客观公正的评价和考核,而且为企业合理调整资金布局和进行新的投资提供了决策依据。

投资报酬率指标便于企业的业绩评价和内部单位的业绩评价统一起来。可以通过经营资产周转率和销售利润率两者的乘积进一步表明,提高生产经营的经营效益不仅在于增加利润,提高销售利润率,而且还要有效地利用经营资产,加快经营资产的周转,从而对整个责任中心经营状况作出评价。

用投资报酬率来评价投资中心业绩有许多优点:它是根据现有的会计资料计算的,比较客观,可用于部门之间,以及不同行业之间的比较,有助于提高整个企业的投资报酬率。

但是利用投资报酬率指标来衡量比较投资中心的业绩也有局限,容易诱使经理人员放弃报酬率低于企业平均报酬率但高于企业资本成本的投资机会,而不利于企业整体的利益。

2. 剩余收益

剩余收益是指投资中心的营业利润,减去其经营资产按规定的最低报酬率计算的投资报酬后的余额。这里规定的最低报酬率一般是指各投资中心的平均报酬率或企业预期的资金成本率。这一指标的含义是只要投资收益超过平均或期望的报酬额,对企业和投资中心都是有利的。剩余收益的主要优点在于可以使业绩评价与企业的目标协调一致,引导部门经理采纳高于企业资本成本的投资决策。

用剩余收益这个指标来评价和考核投资中心的业绩,既可以清除利用投资报酬率进行业绩评价所产生的缺陷,促使上级部门重视对投资中心业绩绝对金额的评价;还可以鼓励投资中心乐于接受比较有利的投资,使部门目标和企业整体目标一致。

3. 指标的应用

投资报酬率和剩余收益指标的应用,原则上是当资金比较充裕时,一般采用剩余收益指标较好,因为资金较难找到市场,只要有利可图即可;而当资金比较短缺时,应尽可能充分利用好资金,力求尽可能高的投资报酬率。

阅 读 文 献

[1] 李天民. 管理会计[M]. 上海:立信会计出版社,2004.

[2] 乐艳芬. 管理会计学[M]. 上海:立信会计出版社,2004.

[3] 吴大军. 管理会计习题与案例[M]. 2版. 大连:东北财经大学出版社,2010.

三、复习题

(一) 思考题

1. 在现代企业管理中为什么要建立责任会计制度?

2. 责任会计制度的内容有哪些? 建立责任会计制度应遵循哪些原则?

3. 什么是责任中心? 责任中心包括哪些基本形式? 各责任中心的特征是什么?

4. 产品成本、责任成本和可控成本之间有何区别与联系?

5. 成本中心、利润中心和投资中心的业绩评价指标有哪些? 如何对各责任中心的业绩进行考核?

6. 投资报酬率作为投资中心业绩指标的主要优缺点是什么?

7. 如何计算剩余收益? 相对于投资报酬率,以剩余收益的多少衡量、考核和评价投资中心的绩效有何优缺点?

8. 什么是内部转让价格? 其基本功能及定价原则有哪些? 试述内部转让价格的重要类型及其适应性。

(二) 判断题

1. 导致责任会计产生的主要原因是由于企业规模的扩大。　　　　(　　)

2. 责任会计制度的最大优点是可以精确计算产品成本。　　　　(　　)

3. 剩余收益指标的优点是可以使投资中心的业绩评价与企业目标协调一致。
　　　　　　　　　　　　　　　　　　　　　　　　　　(　　)

4. 以实际成本作为内部转让价格可以避免责任转嫁现象。　　　　(　　)

5. 因利润中心实际发生的利润数大于预算数而形成的差异是不利差异。 (　　)

6. 一般来说,成本中心之间相互提供产品或劳务,最好以"实际成本"作为内部转移价格。
　　　　　　　　　　　　　　　　　　　　　　　　　　(　　)

7. 各成本中心的可控成本之和等于企业的总成本之和。　　　（　　）

8. 责任会计的核心在于利用会计信息对各分权单位的业绩进行计量。（　　）

9. 成本中心没有对外销售权,其工作成果不会形成可以用货币计量的收入。（　　）

10. 没有对外销售业务的部门没有收入来源,所以不可能成为利润中心。（　　）

11. 投资中心应对其责任范围内投入的资金负责,而该范围内发生的成本则不应由其负责。　　　（　　）

12. 某项会导致个别投资中心的投资利润率提高的投资,不一定会使整个企业的投资利润率提高;某项会导致个别投资中心的剩余收益指标提高的投资,则一定会使整个企业的剩余收益提高。　　　（　　）

13. 同一成本项目,对有的部门来说是可控的,而对另一个部门则可能是不可控的。也就是说,成本的可控与否是相对的,而不是绝对的。　　　（　　）

14. 编制责任预算需要在责任报告上进行;责任报告是考核评价经营业绩的载体。　　　（　　）

15. 在其他因素不变的条件下,一个投资中心的剩余收益的大小与企业最低投资利润率呈反向变动。　　　（　　）

16. 利润中心必然是成本中心,投资中心必然是利润中心,所以投资中心首先是成本中心,但利润中心并不一定都是投资中心。　　　（　　）

17. 因为企业内部个人不能构成责任实体,所以企业内部个人不能作为责任中心。　　　（　　）

18. 只要制定出合理的内部转移价格,就可以将企业大多数生产的半成品或提供劳务的成本中心改造成自然利润中心。　　　（　　）

19. 内部转移价格只能用于企业内部各责任中心之间由于进行产品(半成品)或劳务的流转而进行的内部结算。　　　（　　）

20. 从企业总体来看,内部转移价格无论怎样变动,企业利润的总数是不变的,变动的只是利润或内部利润在各责任中心之间的分配情况。　　　（　　）

(三) 单项选择题

1. 下列不属于责任会计基本原则的是(　　　)。

　　A. 责权利原则　　　　　　　　B. 系统性原则

　　C. 目标一致性原则　　　　　　D. 不可控原则

2. 除了能控制成本、收入和利润之外,还可以对投入的资金进行控制的责任中心是(　　　)。

　　A. 成本中心　　　B. 利润中心　　　C. 投资中心　　　D. 责任中心

3. 下列各项中,属于建立责任会计目标的是(　　　)。

　　A. 实现责权利的协调统一　　　　B. 划分责任中心

C. 编制责任预算　　　　　　　D. 提交责任报告

4. 下列各项中,属于责任会计主体的项目是( )。

　　A. 责任中心　　B. 产品成本　　C. 生产部门　　D. 管理部门

5. 下列各项中,应作为成本中心控制和考核内容的是( )。

　　A. 责任成本　　B. 产品成本　　C. 直接成本　　D. 目标成本

6. 利润中心不具有( )。

　　A. 价格制定权　　B. 投资决策权　　C. 生产决策权　　D. 销售决策权

7. 如果某投资中心营业净利润为 25 000 元,最低投资报酬率为 16 000 元,则该中心剩余收益为( )元。

　　A. 9 000　　　　B. 10 000　　　　C. 0　　　　D. 16 000

8. 某企业下属一个投资中心预计 2009 年投资 500 万元,预计净收益增加 150 万元,该中心这项投资的剩余收益为( )万元。

　　A. 45　　　　B. 150　　　　C. 0　　　　D. 105

9. 某投资中心本年度的投资为 20 000 元,预计最低投资收益率为 15%,剩余收益为 2 000 元,则本年度的利润为( )元。

　　A. 1 000　　　　B. 3 000　　　　C. 5 000　　　　D. 300

10. 如果企业内部的供需双方分别按照不同的内部转移价格对同一笔内部交易进行结算,则可以断定它们采用的是( )。

　　A. 成本转移价格　　　　　　　B. 市场价格

　　C. 协商价格　　　　　　　　　D. 双重价格

11. 如果某利润中心的产品只能在企业内部各责任中心之间销售,且按照"内部转移价格"取得收入,则可以断定该中心是( )。

　　A. 完整利润中心　　　　　　　B. 局部利润中心

　　C. 自然利润中心　　　　　　　D. 人为利润中心

12. 管理会计将在责任预算的基础上,把实际数与计划数进行比较,用来反映与考核各责任中心工作的书面文件称为( )。

　　A. 差异分析表　　　　　　　　B. 责任报告

　　C. 预算执行情况表　　　　　　D. 实际执行与预算比较表

13. 对于任何一个成本中心来说,其责任成本应该与其相等的项目是( )。

　　A. 产品成本　　　　　　　　　B. 固定成本之和

　　C. 可控成本之和　　　　　　　D. 不可控成本之和

14. 某投资中心第一年经营资产平均余额 100 000 元,经营利润 20 000 元,第二年该中心新增投资 20 000 元,预计经营利润 3 000 元,接受新投资后该部门的投资利润率为( )。

A. 15.5%　　　B. 20%　　　C. 17.5%　　　D. 19%

15. 产品在企业内部各责任中心之间销售,只能按内部转移价格取得收入的利润中心是( )。

　　A. 自然利润中心　　　　　　　B. 人为利润中心

　　C. 利润中心　　　　　　　　　D. 投资中心

16. 在投资中心的主要指标考核中,( )指标能使个别投资中心的局部利益与企业整体利益相一致。

　　A. 投资利润率　　B. 利润总额　　C. 剩余收益　　D. 责任成本

17. 某公司某部门的有关数据为:销售收入 50 000 元,已销产品的变动成本和变动销售费用 30 000 元,可控固定成本 2 500 元,不可控固定成本 3 000 元,分配来的公司管理费用 1 500 元。那么,该部门的利润中心负责人可控利润为( )元。

　　A. 20 000　　　B. 17 500　　　C. 14 500　　　D. 10 750

18. 某投资中心的投资额为 300 000 元,加权平均的最低投资报酬率为 15%,剩余收益为 30 000 元,则该中心的投资报酬率为( )。

　　A. 15%　　　B. 20%　　　C. 25%　　　D. 30%

19. 若使投资中心的剩余收益大于零,则该中心的投资利润率必定是( )。

　　A. 大于最低投资报酬率　　　　B. 小于最低投资报酬率

　　C. 大于销售利润率　　　　　　D. 小于最低销售利润率

20. 某投资中心的投资额为 30 万元,最低投资报酬率为 10%,剩余收益为 5 万元,则该中心的营业利润为( )万元。

　　A. 8　　　　　B. 5　　　　　C. 3　　　　　D. 2

(四) 多项选择题

1. 责任中心按其控制范围的大小,可分为( )。

　　A. 费用中心　　B. 成本中心　　C. 收入中心　　D. 利润中心

2. 计算责任成本,必须把成本划分为( )。

　　A. 可控成本　　　　　　　　　B. 可避免成本

　　C. 不可控成本　　　　　　　　D. 不可避免成本

3. 下列各项中,属于建立责任会计制度必须遵循的原则有( )。

　　A. 责任主体原则　　　　　　　B. 可控性原则

　　C. 目标一致性原则　　　　　　D. 激励原则

　　E. 反馈原则

4. 下列各项中,属于责任会计制度内容的有( )。

　　A. 设置责任中心　　　　　　　B. 编制责任预算

　　C. 提交责任报告　　　　　　　D. 评价经营业绩

E. 反映财务状况

5. 判断一项成本是否属于可控成本的标志有(　　)。

　　A. 责任中心能够知道将发生的成本

　　B. 责任中心能够计量的成本

　　C. 责任中心能够控制并调整的成本

　　D. 必须是变动成本

6. 甲利润中心常年向乙利润中心提供劳务,在其他条件不变的情况下,如提高劳务的内部转移价格,可能出现的结果有(　　)。

　　A. 甲利润中心内部利润增加　　　　B. 乙利润中心内部利润减少

　　C. 企业利润总额增加　　　　　　　D. 企业利润总额减少

7. 在下列各项中,能够揭示责任中心特点的项目有(　　)。

　　A. 责权利相结合　　　　　　　　　B. 责任与权力都是可控的

　　C. 具有承担经济责任的条件　　　　D. 能进行责任核算、业绩考核与评价

　　E. 有相对独立的经营业务和财务收支活动

8. 利润中心可分为(　　)。

　　A. 自然利润中心　　　　　　　　　B. 人为利润中心

　　C. 实际利润中心　　　　　　　　　D. 预算利润中心

9. 投资利润率可分解为(　　)。

　　A. 边际贡献率　　　　　　　　　　B. 资产周转率

　　C. 销售利润率　　　　　　　　　　D. 销售成本率

10. 以下关于人为利润中心的表述中,正确的有(　　)。

　　A. 不能直接对外销售产品或提供劳务

　　B. 对内提供产品的转移价格能合理确定

　　C. 一般也具有相对独立的经营管理权

　　D. 企业大部分成本中心都能够转成人为利润中心

11. 在下列各项中,属于可控成本必须满足的条件有(　　)。

　　A. 可以落实责任　　　　　　　　　B. 可以计量

　　C. 可以施加影响　　　　　　　　　D. 可以预计

　　E. 可以得到补偿

12. 在下列各项指标中,属于考核成本中心效果的有(　　)。

　　A. 责任成本总额　　　　　　　　　B. 责任成本变动额

　　C. 责任成本变动率　　　　　　　　D. 变动成本变动额

　　E. 变动成本变动率

13. 在下列各项指标中,属于考核投资中心效果的有(　　)。

A. 责任成本　　B. 营业收入　　C. 边际贡献　　D. 投资利润率

E. 剩余收益

14. 利润中心考核的指标为利润,其具体内容有(　　)。

A. 利润中心边际贡献　　　　　B. 部门可控边际贡献

C. 部门边际贡献　　　　　　　D. 部门税前利润

15. 甲利润中心常年向乙利润中心提供劳务,在其他条件不变的情况下,如提高劳务的内部转移价格,可能出现的结果有(　　)。

A. 甲利润中心内部利润增加　　B. 乙利润中心内部利润减少

C. 企业利润总额增加　　　　　D. 企业利润总额减少

E. 企业利润总额不变

(五) 业务题

1. A公司2012年的销售收入为40 000元,营业资产为16 000元;B公司2012年的销售收入为100 000元,营业资产为20 000元,如果两家公司均希望其2012年的投资利润率达到15%。

要求:分别计算A、B公司在2012年的销售利润率。

2. 日新公司在2012年年初资产总额为3 200万元,年末资产总额为2 800万元,年销售收入为5 600万元,净利润为700万元。

要求:计算投资报酬率。

3. 某公司投资中心A原投资利润率为18%,营业资产为500 000元,营业利润为100 000元。现有一项业务,需要借入资金200 000元,可获利68 000元。

要求:

(1) 若以投资利润率作为评价和考核投资中心A的依据,作出投资中心A是否愿意投资于这项新业务的决策。

(2) 若以剩余收益作为评价和考核投资中心A工作成果的依据,新项目要求的最低收益率为15%,作出投资中心A是否愿意投资于这个新项目的决策。

4. B公司是一个投资中心,预期下年度总资产平均占用额为2 500万元,投资报酬率可达20%。现有机会投资一个新项目,若接受,预期全年销售收入可增加200万元,税前利润可增加20万元,但总资产周转次数将从2次下降为1.962次。该公司规定的基准收益率为10%。

要求:

(1) 假定B公司不接受新项目,计算其预期下年度的销售利润率及剩余收益。

(2) 假定B公司接受新项目,计算其预期下年度的销售利润率、投资报酬率及剩余收益。

(3) 试回答B公司是否应该投资新项目,为什么?

5. 某公司 2012 年相关资料如表 10-1 所示。

表 10-1　某公司的相关资料　　　　　　　单位:万元

项　　目	预算数	实　际　数		
		甲投资中心	乙投资中心	丙投资中心
销售收入	200	180	220	200
营业利润	18	19	20	18
营业资产	100	90	100	100

在年末业绩评价时,董事会对这三个投资中心的评价发生了分歧:有人认为丙投资中心全面完成预算,业绩最好;有人认为乙投资中心收入和利润都超出预算,业绩最好;还有人认为甲投资中心超过预算并节约了资金,业绩最好。

要求:假设该公司的资本成本是 18%,请对三个投资中心的业绩进行分析评价。

6. C、D 两公司均为某总公司下属的自然利润中心。C 公司产品可直接按 20 元/件外销,也可提供给 D 公司进一步加工,内部转让可减少固定销售费用 3 000 元。C 公司产品单位变动生产成本为 10 元,最大生产能力为 2 000 件,D 公司需用量为 1 000 件。

要求:

(1) 假定 C 公司的产品有完全竞争的外部市场,试确定其内部转让价格能为 C、D 两公司所共同接受的合理变动范围。

(2) 假定 C 公司产品在外部市场可实现的最大销量为 1 500 件,其生产能力无法转移,试确定其内部转让价格的合理变动范围。

(六) 案例分析题

1. X、Y、Z 三家公司均为投资中心,其业务内容相近,责任预算控制数相同。本年度有关资料如表 10-2 所示。

表 10-2　本年度有关资料　　　　　　　单位:万元

项　　目	预算数	实　际　数		
		X	Y	Z
销售收入	1 000	900	1 050	1 000
税前利润	90	95	100	90
总资产平均占用额	500	450	500	500

要求：试对上述三家公司的投资业绩进行考评，并按优劣排序(应结合相关指标的计算说明理由)。

2.某企业有 A、B 两个分部，A 分部生产的半成品可以对外销售，也可以对内销售给 B 分部继续加工。一件半成品可以加工成一件产成品，相关资料如表 10-3 所示。

表 10-3　两个分部相关资料表

项目	A 分部	B 分部
完工半成品或产成品单位市场售价(元)	45	80
单位变动成本(元):		
加工费用	18	12
销售费用	3	9
固定费用(元)	120 000	3 000
预计产量(件)	1 200	120

假设 B 分部考虑向 A 分部购买半成品 120 件，制成产成品后出售。

要求：计算 A、B 两个分部和企业均认为合理的内部转移价格，并说明理由。

3.表 10-4 为某企业四个利润中心的有关资料。

表 10-4　利润中心资料

项目	A	B	C	D
销售收入	200 000	350 000	280 000	420 000
变动成本	100 000	245 000	210 000	252 000
直接固定成本	40 000	60 000	50 000	70 000
其中: 不可控成本	25 000	25 000	25 000	25 000
分摊共同固定成本	28 800	50 400	40 320	60 480

设各利润中心的产品单位变动成本和销售价格均与原定标准或预计相符。

要求：

(1) 计算各利润中心的边际贡献、可控边际贡献、部门边际贡献和部门税前利润。

(2) 设各利润中心原定预算要求实现的销售额分别为：A160 000 元、B400 000 元、C400 000 元、D350 000 元，计算各利润中心多提供或少提供了多少边际贡献。

(3) 设该企业要求各利润中心至少应实现可控边际贡献 75 000 元，又设当期由于市场不景气，各种产品的销售额较预计减少 5% 是可以允许的，据此，请对各利润中心的主管人员的工作成绩和能力做出评价。

4. 某企业下设三个分公司,均确定为投资中心,分别产销不同类的产品,并按销售额比例分担总公司的管理费用。其上年度的利润表项目资料如表 10-5 所示。

表 10-5　利润表项目资料　　　　　　　　单位:元

项　　目	家具公司	服装公司	食品公司
销售收入	6 000 000	8 000 000	5 000 000
减:变动成本	4 500 000	5 000 000	2 500 000
边际贡献	1 500 000	3 000 000	2 500 000
减:固定费用	1 440 000	2 120 000	1 800 000
其中:分公司本身	1 200 000	1 800 000	1 600 000
总公司分摊	240 000	320 000	200 000
营业净利	60 000	880 000	700 000
平均营业资产	2 000 000	6 400 000	3 500 000

该企业在上年度才开始将投资决策权授予分公司经理,并确定按投资报偿率的高低考核分公司的绩效。为此,新升任的会计主管计算各分公司上年度的实际投资报偿率,并以之与同行业的平均水平比较如表 10-6 所示(设该三个分公司均无利润支出)。

表 10-6　投资报偿率比较表

项　　目	上年实际报酬率	同行业平均报偿率
家具公司	3%	10%
服装公司	13.75%	20%
食品公司	20%	24%

该企业的总经理阅读上述资料后,对于各分公司的绩效极不满意,尤其是家具公司的报偿率仅达 3%,虽然该行业的竞争非常激烈,但认为如此大的低于同行业平均水平是不能容忍的,因此觉得有考虑撤换该分公司经理的必要。但为慎重起见他决定先征求你的意见。

要求:

(1) 审核该会计主管提供的资料是否正确,如有差误,请予以重新测算。

(2) 对各分公司及其经理的绩效和工作能力作出客观评价。

四、复习题参考答案

(一) 思考题

(略)

(二) 判断题

1. (×) 2. (√) 3. (√) 4. (×) 5. (×) 6. (×) 7. (√) 8. (√)
9. (√) 10. (×) 11. (×) 12. (√) 13. (√) 14. (×) 15. (√)
16. (√) 17. (×) 18. (×) 19. (×) 20. (√)

(三) 单项选择题

1. (D) 2. (C) 3. (A) 4. (A) 5. (A) 6. (B) 7. (A) 8. (C)
9. (C) 10. (D) 11. (D) 12. (B) 13. (C) 14. (D) 15. (B) 16. (C)
17. (B) 18. (C) 19. (A) 20. (A)

(四) 多项选择题

1. (BD) 2. (AC) 3. (ABCDE) 4. (ABCD) 5. (ABC) 6. (AB)
7. (ABCDE) 8. (AB) 9. (BC) 10. (ABCD) 11. (ABCD) 12. (BC)
13. (DE) 14. (ABCD) 15. (ABE)

(五) 业务题

1. 解：

∵ 投资利润率 ＝ 销售利润率 × 资产周转率 × 100％ ＝ 销售利润率 ×

销售收入 ÷ 营业资产 × 100％

∴ 销售利润率 ＝ 投资利润率 × 营业资产 / 销售收入 × 100％

A 公司的销售利润率 ＝ 15％ × 16 000/40 000 × 100％ ＝ 6％

B 公司的销售利润率 ＝ 15％ × 20 000/100 000 × 100％ ＝ 3％

2. 解：销售利润率 ＝ 700/5 600 × 100％ ＝ 12.5％

资产周转率 ＝ 5 600/[(3 200 ＋ 2 800)/2] ≈ 1.87

投资报酬率 ＝ 12.5％ × 1.87 ≈ 23.38％

3. 解：

(1) 增加一项新业务后：

投资利润率 ＝ (100 000 ＋ 68 000)/(500 000 ＋ 200 000) × 100％ ＝

168 000 ÷ 700 000 × 100％ ＝ 24％

从以上计算可知,通过投入新项目,可以使投资中心 A 的投资利润率由原来的 18％提高到 24％,所以,投资中心 A 愿意投资该项新的业务。

(2) 投资新业务前的剩余收益 ＝ 100 000 － 500 000 × 15％ ＝ 25 000(元)

投资新业务后的剩余收益 ＝ (100 000 ＋ 68 000) － (500 000 ＋ 20 000) ×

15％ ＝ 63 000(元)

从以上计算可见,通过投资新项目,可以使投资中心 A 的剩余收益由原来的 25 000元提高到 63 000 元,所以,投资中心 A 愿意投资该项新业务。

4. 解：(1) 预期销售利润率 ＝ 投资报酬率 / 资产周转率 ＝ 20％/2 ＝ 10％

预期剩余收益 = 利润 - 资本成本 = $2\,500 \times 20\% - 2\,500 \times 10\%$ =

$$500 - 250 = 250（万元）$$

(2) 预期利润 = $500 + 20 = 520$（万元）

预期销售收入 = $500/10\% + 200 = 5\,200$（万元）

预期销售利润率 = $520/5\,200 \times 100\% = 10\%$

预期投资报酬率 = 资产周转率 × 销售利润率 = $1\,962 \times 10\% = 19.62\%$

预期总资产平均占用额 = 利润 / 投资报酬率 = $520/19.62\% = 2\,650$（万元）

预期剩余收益 = $520 - 2\,650 \times 10\% = 255$（万元）

(3) 应投资新项目。因为新项目的预期报酬率 = $20/(2\,650 - 2\,500) \times 100\% \approx$ $13.33\% >$ 基准收益率 10%，所以投资新项目可使剩余收益从 250 万元增加到 255 万元。

5. 解：甲中心：

投资报酬率 = $19/90 \times 100\% = 21.11\%$

剩余收益 = $(21.11\% - 18\%) \times 90 = 2.80$

乙中心：

投资报酬率 = $20/100 \times 100\% = 20\%$

剩余收益 = $(20\% - 18\%) \times 100 = 2$

丙中心：

投资报酬率 = $18/100 \times 100\% = 18\%$

剩余收益 = $(18\% - 18\%) \times 100 = 0$

这三个中心的业绩排序为，甲中心最优，乙中心次之，丙中心最差。

6. 解：(1) 最高价 = 市场价格 = 20（元 / 件）

最低价 = 市场价格 - 外销费用 = $20 - 3\,000/1\,000 = 17$（元 / 件）

(2) 内部转让将放弃外销 500 件，其机会成本 = $(20 - 10) \times 500 - 3\,000 = 2\,000$（元），即内部转让价格的合理变动范围为：

最高价 = 市场价格 = 20（元 / 件）

最低价 = 变动生产成本 + 机会成本 = $10 + 2\,000/1\,000 = 12$（元 / 件）

(六) 案例分析题

1. 解：第一，比较三家公司的投资报酬率指标：

X 公司　$95/50 \times 100\% \approx 21.11\%$

Y 公司　$100/500 \times 100\% = 20\%$

Z 公司　$90/500 \times 100\% = 18\%$

按优劣排序依次为 X 公司、Y 公司、Z 公司。

第二,分析、比较三家公司的剩余收益指标:

1) 因为 Y、Z 两公司的实际总资产平均占用额相同,而 Y 公司的税前利润比 Z 公司多 10 万元,所以不论基准收益率是多少,Y 公司的剩余收益总是比 Z 公司多 10 万元,即 Y 公司总要优于 Z 公司。

2) 因为三家公司业务内容相近,责任预算数相同,所以考核剩余收益指标的结果一般不会与考虑投资报酬率指标的结果有太大的出入,可预算。

(1) 设基准收益率为 20%,则 Y 公司的剩余收益为零(因为 Y 公司投资报酬率为 20%,即与基准收益率相同),而 X 公司的剩余收益率为正数(因为 X 公司的投资报酬率为 21.11%>基准收益率),即优劣次序为 X 公司、Y 公司、Z 公司。

(2) 设基准收益率为 15%,则剩余收益为:

X 公司 $95 - 450 \times 15\% = 27.5$(万元)

Y 公司 $100 - 500 \times 15\% = 25$(万元)

即优劣次序为 X 公司、Y 公司、Z 公司。

(3) 可测得当基准收益率为 10% 时,X、Y 两公司的剩余收益相等:

X 公司 $95 - 450 \times 10\% = 50$(万元)

Y 公司 $100 - 500 \times 10\% = 50$(万元)

即只要基准收益率高于 10%,则三家公司的优劣次序总是 X 公司、Y 公司、Z 公司。

2. 解:(1) 以成本为基础的转移定价:

最低价格 $= (12\ 000 + 1\ 200 \times 21)/1\ 200 = 31$(元)

最高价格 $= (120 \times 80 - 3\ 000 - 120 \times 21)/120 = 34$(元)

(2) 以市场价格为基础的转移定价:以市场价格作为内部转移价格,并不等于直接将市场价格用于内部结算,而应在此基础上,对外部价格作一些必要调整,这里销售费用可以做调整,可以考虑用 42 元(45-3)作为内部转移价格。

(3) 以协商价格为基础的转移定价:协商价格的上限是市价 45 元,下限是单位变动成本 21 元,具体价格应由各相关责任中心在这一范围内协商议定。

(4) 双重价格:也可以采用双重价格,A 分部作为供应方以 45 元市场价作为转移价格,而 B 分部作为使用方以 21 元单位变动成本作为转移价格。

3. 解:1) 计算各利润中心的边际贡献、可控边际贡献、部门边际贡献和部门税前利润。

(1) 边际贡献:

A 利润中心 $= 200\ 000 - 100\ 000 = 100\ 000$(元)

B 利润中心 = 350 000 − 245 000 = 105 000(元)

  C 利润中心 = 280 000 − 210 000 = 70 000(元)

  D 利润中心 = 420 000 − 252 000 = 168 000(元)

（2）可控边际贡献：

  A 利润中心 = 100 000 − (40 000 − 25 000) = 85 000(元)

  B 利润中心 = 105 000 − (60 000 − 25 000) = 70 000(元)

  C 利润中心 = 70 000 − (50 000 − 25 000) = 45 000(元)

  D 利润中心 = 168 000 − (70 000 − 25 000) = 123 000(元)

（3）部门边际贡献：

  A 利润中心 = 85 000 − 25 000 = 60 000(元)

  B 利润中心 = 70 000 − 25 000 = 45 000(元)

  C 利润中心 = 45 000 − 25 000 = 20 000(元)

  D 利润中心 = 123 000 − 25 000 = 98 000(元)

部门税前利润：

  A 利润中心 = 60 000 − 28 800 = 31 200(元)

  B 利润中心 = 45 000 − 50 400 = −5 400(元)

  C 利润中心 = 20 000 − 40 320 = −20 320(元)

  D 利润中心 = 98 000 − 60 480 = 37 520(元)

2）A 利润中心的变动成本率 = 100 000/200 000 × 100% = 50%

所以，当 A 利润中心实际销售额为 160 000 元时，可实现边际贡献 80 000 元 (160 000−160 000×50%)，少提供边际贡献 20 000 元(100 000−80 000)。

B 利润中心的变动成本率 = 245 000/350 000 × 100% = 70%

所以，当 B 利润中心实际销售额为 400 000 元时，可实现边际贡献 120 000 元 (400 000−400 000×70%)，可增加边际贡献 15 000 元(120 000−105 000)。

C 利润中心的变动成本率 = 210 000/280 000 × 100% = 75%

所以，当 C 利润中心实际销售额为 400 000 元时，可实现边际贡献 100 000 元 (400 000−400 000×75%)，可增加提供边际贡献 30 000 元(100 000−70 000)。

D 利润中心的变动成本率 = 252 000/420 000 × 100% = 60%

所以，当 D 利润中心实际销售额为 350 000 元时，可实现边际贡献 140 000 元 (350 000−350 000×60%)，边际贡献将减少 28 000 元(168 000−140 000)。

3）在产品的销售额较预期减少 5% 的条件下，要求各利润中心至少实现可控边际贡献 75 000 元，除 B、D 利润中心以外，其余两个中心，在预计销售水平的条件下所实现的可控边际贡献都小于 75 000 元。因此，在销售额预计减少 5% 的条件下，能够实现这一目标,说明B、D两个利润中心的主管人员在降低成本方面做了大量的工作,并且成绩显著。

4. 解:(1)审核该会计主管所提供的资料是否正确:

投资报酬率 = 利润 ÷ 营业资产

家具公司 = 60 000 ÷ 2 000 000 × 100% = 3%

服装公司 = 880 000 ÷ 6 400 000 × 100% = 13.75%

食品公司 = 700 000 ÷ 3 500 000 × 100% = 20%

投资周转率 = 销售收入 ÷ 营业资产

家具公司 = 6 000 000 ÷ 2 000 000 = 3

服装公司 = 8 000 000 ÷ 6 400 000 = 1.25

食品公司 = 5 000 000 ÷ 3 500 000 = 1.43

销售利润率 = 利润 ÷ 销售收入

家具公司 = 60 000 ÷ 6 000 000 × 100% = 1%

服装公司 = 880 000 ÷ 8 000 000 × 100% = 11%

食品公司 = 700 000 ÷ 5 000 000 × 100% = 14%

由以上计算可知,该会计主管提供的资料是正确的。

(2)绩效评价:由以上计算可知,家具公司的销售利润率仅为1%,所以其获利能力极差,但其投资周转率为3,即投资周转最快;服装公司和食品公司获利能力都在10%以上,投资周转率在1～1.5之间。结论:家具公司虽然投资周转率较快,但其销售利润率太低;其他两个公司业绩平平。所以,整个经营与同行业比较是不理想的。

第十一章 平 衡 计 分 卡

一、内容的概要解析

(一)平衡计分卡的产生与发展

目前,全球已经进入信息时代。工业时代的竞争正在转变为信息时代的竞争,企业正处于革命性的转型之中。平衡计分卡正是为帮助企业转型应运而生的绩效衡量和战略管理系统。

工业时代的竞争主要靠规模取胜,其绩效衡量主要采用反映短期成败结果的财务指标;而信息时代的竞争更主要依靠创新取胜,其绩效衡量不仅要看短期结果,更注重驱动未来绩效的具有持久竞争优势的创新技能的孵化和发展。

财务指标作为一种传统的绩效评价指标,具有滞后和被动反映的特点,只对过去的绩效进行评价而不评价未来绩效的驱动。因此,传统的绩效评价不能全面地、动态地反映经营过程中的问题,也不能与信息时代组织的战略目标及战略管理手段实现有机的融合。

绩效衡量是引导各企业、企业内部的各部门和员工的日常行为的核心管理工具之一,如同我国高考是我国各中学教学的"指挥棒"一样,其重要性不言而喻。然而,20世纪八九十年代,世界上越来越多的优秀企业的管理者日益意识到,过度依赖财务指标的传统业绩衡量体系已力不从心,逐渐不能适应信息时代的竞争。因此,开发并建立适应信息时代竞争的"未来的组织业绩衡量"已成为了当时众多企业家的共识。

平衡计分卡就应运而生了。平衡计分卡就是能将企业的使命和战略化为一套全面绩效衡量指标的"未来的组织业绩衡量"系统。这些指标为企业战略管理系统提供了架构,帮助企业高层管理者实施全面的考察和管理,有效解决了长期困扰高层管理者的战略难题——战略规划与战略实施的脱节。

为了对未来的组织进行业绩衡量而诞生的平衡计分卡,其产生和发展大致经历了三个阶段。

第一阶段:研究开发并形成平衡计分卡。

1990年,由诺兰诺顿研究院(Nolan Norton Institute)牵头,组织了由来自制造、服务、重工业和高科技行业的苹果电脑公司、通用电器公司、杜邦、惠普、美国标准石油等12家著名大公司参加的项目研究小组,其研究项目为"未来的组织业绩衡量",

目标是开发一个新的绩效衡量系统。该研究项目由诺兰诺顿研究院的 CEO 戴维·诺顿(David Norton)担任项目研究小组负责人,聘请了美国著名的哈佛大学工商管理学院的管理会计学教授罗伯特·卡普兰(Robert Kaplan)担任研究项目的学术顾问。

该研究项目采用实证研究的方法,首先明确研究目标是,必须开发并建立一个区别并超越过度依赖财务指标的传统业绩衡量体系的新的绩效衡量系统,然后研究小组调查收集了大量在绩效衡量方面处于领先地位的企业最新的创新业绩衡量系统的案例,进行案例研究。研究中引起研究小组高度关注的案例,是美国模拟设备公司(Analog Devices, AD)发明并运用的"公司计分卡"的案例。美国模拟设备公司的案例描述了该公司决策层为了将公司战略紧密落实到公司日常管理中,推动公司产品质量和服务持续不断地改进,进而来推动公司战略的执行,发明了"公司计分卡"。公司计分卡上所列示的考核指标除了传统的财务指标外,还包括与客户服务(主要涉及供货时间、及时交货率、客户满意度等)、内部生产流程(产量、质量和周转期等)以及创新和发展方面(新产品开发效率、员工技能及培训等)相关的绩效指标。项目研究小组认为,这个包含多角度绩效指标的公司计分卡最有可能满足他们的研究目标。为此,项目研究小组专门邀请美国模拟设备公司负责质量改进与生产力的副总裁阿特·施奈德曼(Art Schneiderman)来项目研究小组参加研讨,并向项目研究小组介绍"公司计分卡"经验。

在"公司计分卡"的基础上,项目研究小组结合最新现代管理科学理论并经过反复研讨,认为绩效衡量的目的是引导员工为实现公司的愿景而工作,公司战略规划则是公司愿景实现的路径,然后根据"化战略为行动"的主旨,利用因果关系链,将"公司计分卡"的内容逐渐补充扩大,扩展为四个独特的维度:财务、客户、内部业务流程、学习与成长。同时,围绕这四个维度配置了多角度的绩效指标体系,由此形成了一个新的业绩衡量系统。

由于其四个维度以及多角度的指标体系,反映了多种平衡关系:短期目标和长期目标的平衡、财务指标和非财务指标的平衡、滞后指标和领先指标的平衡、定量评价与定性评价的平衡、外部和内部业绩视角的平衡、结果和动因的平衡等,故形象化地将其称之为"平衡计分卡"。经过将近 1 年时间的努力,1990 年 12 月,项目研究小组将其研究成果"平衡计分卡"的可行性和实施效益做成报告,圆满结束了研究项目。

第二阶段:为绩效衡量推广平衡计分卡。

在研究项目圆满结束后,一方面来自各公司的研究小组成员返回各自公司,开始推行平衡计分卡这一创新的未来的组织业绩衡量系统;另一方面罗伯特·卡普兰和戴维·诺顿在总结研究小组的研究成果的基础上,合作写成了他们的第一篇论文——"平衡计分卡——驱动业绩的指标",发表在《哈佛商业评论》。

平衡计分卡作为一种新型的"未来的组织业绩衡量"系统,马上引起了众多企业的关注。当时,许多企业的高层管理者纷纷找到了罗伯特·卡普兰和戴维·诺顿,邀请他们去各自企业宣讲并协助企业改革原有的绩效衡量系统,实施平衡计分卡绩效衡量系统。

第三阶段:为战略管理推广平衡计分卡。

部分领先的企业在实施平衡计分卡的过程中,发现了平衡计分卡不仅能够有效地进行绩效衡量,而且平衡计分卡还能协助高层管理者在企业内部沟通协调企业战略并管理战略。因此,一些实施平衡计分卡领先的公司的高层管理者,如石水公司(Rockwater)的 CEO 诺曼·钱伯斯(Norman Chambers)和 FMC 公司的执行总裁拉里·布雷迪(Larry Brady)等,均认为平衡计分卡绝不仅是一个绩效衡量系统,因为他们在实施运用中,发现平衡计分卡对企业的战略管理也带来了极大的影响力。他们希望能借助平衡计分卡的实施,来推行公司正在实行的新战略,以使公司的新战略能在公司内部协调一致,更好地推进公司的战略管理。为此,这些领先公司的高层管理者向罗伯特·卡普兰和戴维·诺顿提出了这个新的要求。

罗伯特·卡普兰和戴维·诺顿接受这一新要求,并经过与诺曼·钱伯斯、拉里·布雷迪等几个领先公司高层管理者共同工作后,深切感悟到将平衡计分卡与企业战略挂钩的重要性。同时,他们也看到许多实施了平衡计分卡的公司,没有将平衡计分卡与公司的战略协调一致,也没有利用实施平衡计分卡找出并推行新战略,仅仅停留在为绩效衡量而实施。为此,罗伯特·卡普兰和戴维·诺顿在 1993 年又发表了第二篇论文——"平衡计分卡的实践"。在第二篇论文中,他们提出了基于战略成功选择绩效指标的重要性,要求企业将平衡计分卡系统与公司的战略管理充分协调。

在实施平衡计分卡的长期实践中,罗伯特·卡普兰和戴维·诺顿发现这些领先公司以及某些银行和保险等金融机构的具有创新精神的高层管理者,已经在实践中发展了平衡计分卡,他们不但以平衡计分卡来阐述和沟通战略,而且用平衡计分卡来管理战略。使平衡计分卡从一个创新的绩效衡量系统,演变成一个核心的战略管理系统。这些具有创新精神的公司高层管理者几乎均把平衡计分卡进行了扩展,使其包括了:制定个人和团队目标、薪酬制度、资源分配、预算编制以及战略反馈和学习等,将平衡计分卡作为企业战略管理流程的核心组织架构。因此,在总结了平衡计分卡实践发展的基础上,罗伯特·卡普兰和戴维·诺顿在 1996 年又发表了第三篇论文——"平衡计分卡在战略管理系统中的应用"。同年,他们完成了专著《平衡计分卡——化战略为行动》。

至此,平衡计分卡在企业的实践中得到了发展和完善,使平衡计分卡从单纯的绩效衡量系统逐步演变为核心的战略管理系统。《哈佛商业评论》更是将平衡计分卡评为"75 年来最具影响力的战略管理系统"。

（二）平衡计分卡的意义、内容和特点

"不能衡量就不能管理"。企业管理者都深深懂得这一点,故对企业的绩效衡量系统非常重视。然而,传统的绩效衡量系统过度依赖财务指标进行衡量。财务指标能够揭示企业在某一时期实现的经营成果、投资损益和现金流量,反映企业的财务状况,但是,财务指标主要反映过去已经发生的事情,是反映结果的滞后性指标,过度依赖财务指标的传统绩效衡量系统容易造成只重结果不问过程,引发各种短期经营行为,最终可能会牺牲企业的创新和长期战略。

平衡计分卡打破了过度依赖财务指标进行绩效衡量的传统,建立了反映多种平衡关系的业绩评价指标体系,非常科学地将企业的愿景、使命和发展战略通过财务、客户、内部业务流程及学习与成长四个维度与企业的绩效衡量系统有机地联系了起来。从而通过企业日常的绩效衡量和绩效考核来展现公司的战略轨迹,将企业的愿景、使命和发展战略转化为企业内部各部门和全体员工的日常工作行动,有效地解决了长期以来困扰全世界企业管理者的战略难题——战略规划与战略实施的脱节。

平衡计分卡既以公司的愿景和战略为出发点,又以实现公司的愿景和战略为其最终目标。平衡计分卡的基本内容是由财务、客户、内部业务流程、学习与成长等四个（或者四个以上）维度组成,每个维度又由若干个能反映公司愿景和战略的目标、指标、目标值、措施等要素构成。

（三）平衡计分卡的建立和应用

因为平衡计分卡是一种通过绩效衡量和绩效考核来展现公司的战略轨迹,推行公司战略实施的战略管理系统,而战略非企业管理高层莫属,所以建立平衡计分卡的首要前提就在于企业高层管理者的充分重视。

平衡计分卡是信息时代竞争的产物,它体现了信息时代人类的先进管理思想。面对外部市场竞争和社会发展以及企业内部管理的压力,平衡计分卡能否建立健全和应用实施取决于以下基本流程:

（1）企业首先应当明确自己的使命和应当承担的社会责任。信息时代的企业不能以追求利润和赚钱为终极目标,而应当以为社会提供长期优良服务和承担应尽社会责任为使命。如此,自然不会过度依赖财务指标,也不会为追求利润和赚钱丧尽天良,污染环境。

（2）确定企业的中长期愿景和战略目标,使愿景和战略目标在企业内部人人皆知并取得共识。如此,才能有利于培养员工的主人翁思想,充分调动全体员工的主观能动性和创新精神,形成有利于平衡计分卡建立健全和应用实施的企业文化。

（3）在财务、客户、内部业务流程、学习与成长四个维度诠释并分解企业愿景与战略。

从企业的愿景和战略目标出发,分别在财务、客户、内部业务流程、学习与成长四个维度根据因果关系链,选择和确定各自的具体目标和指标,并层层分解,在战略规划和行动措施之间构筑了一座桥梁,实现化战略为行动。

(4)必须在企业管理高层建立健全并不断完善战略反馈与学习制度,才能逐步完善平衡计分卡的应用实施。

二、背景资料

20世纪末,当中国很多企业还处于野蛮的工业时代时,发达国家已经从科学的工业时代向知识型的信息时代转型。在野蛮的工业时代,资本往往以不择手段追求利润的方式疯狂地大肆扩张,为追求利润污染环境、将工人视为活动的机器、生产无良的甚至有害人体健康的有毒产品……正如马克思所指出的那样,"资本来到世间,从头到脚、每个毛孔都滴着血和肮脏的东西"。在科学的工业时代,社会的民主法制环境提高了工人的维权权利,遏制了污染环境和生产有害产品的无良企业的生存,组织行为科学理论融入现代企业管理,资本依靠规模经济和融入先进技术的实物资产获取利润,不再是"滴着血和肮脏的东西"。因此,以综合性的财务指标净资产收益率为核心的财务控制系统能在公司里得以发展,有效地促进和监督资金和实物资本的高效配置。而净资产收益率既能引导公司内部资本物尽其用,又能监督各经营分部运用资金和实物资本为股东创造价值的效率。

但是,20世纪末兴起的知识型的信息时代,使工业时代竞争中的许多基本假设变得过时。资本仅依靠规模经济和融入先进技术的实物资产以及出色地运用财务控制系统,已不再能为企业获得持久的竞争优势。

因为知识型信息时代的企业是建立在一系列新的经营假设之上的。主要有:

(1)跨职能和一体化经营假设。由于信息技术的广泛运用,信息时代的企业经营不再依靠各职能的专业化,而是依靠跨职能的一体化的业务流程的速度、效率和质量取胜;信息时代能将企业的供应、生产和交货等过程一体化从而改变了工业时代在生产经营中与客户和供应商存在一定距离的传统。

(2)客户细分假设。工业时代的企业能依靠提供大批量低成本的标准化的产品和服务取胜;而信息时代由于市场需求的多样性和多变性导致客户的细分,企业必须学会如何为不同的客户提供不同的产品和服务,同时又要降低多种类、小批量的经营方式所带来的高成本。

(3)创新要求假设。信息时代产品与服务的更新换代速度远远超过工业时代,随着产品和服务的生命周期在不断缩短,为了取得跨周期的持久的长期竞争优势和领先地位,企业必须能洞察客户的未来需求,引领市场消费,保持持久不断的创新能力,才能不断地开发全新的产品和服务。

(4)知识型员工假设。工业时代企业大量的一线员工主要是付出体力而非脑力为企业贡献价值,信息时代企业的所有员工都必须凭借自己的知识思考创新,善于为企业解决问题保证质量。因此,调动员工主人翁的积极性,为提高员工知识和技能进行投资、管理,对知识型信息时代的企业尤为迫切。

在科学的工业时代向知识型的信息时代转型的大背景下,平衡计分卡诞生了,并在企业管理的实践中得到了发展,使其从一个战术性的绩效衡量系统发展为最具影响力的战略管理系统。

阅 读 文 献

[1] 罗纳德·W·希尔顿.管理会计[M].北京:机械工业出版社,2003.

[2] 比尔·尼尔,特雷弗·麦克尔罗伊.公司理财[M].北京:经济管理出版社,2007.

[3] 夏宽云.战略管理会计[M].上海:复旦大学出版社,2007.

三、复习题

(一) 思考题

1. 简述在绩效衡量方面平衡计分卡与传统绩效衡量系统的主要区别。

2. 有人说,中国某些企业尚未具备建立和实施平衡计分卡的基础。你认为这种观点正确吗? 为什么? 请你举例并分析说明。

3. 为什么平衡计分卡能从绩效衡量系统发展为战略管理系统?

4. 简述以财务指标衡量和考核绩效的优缺点。

5. 简述建立健全和应用实施平衡计分卡的基本流程。

(二) 判断题

1. 平衡各种关系是平衡计分卡的核心思想。　　　　　　　　　　　(　　)

2. 平衡计分卡只是一种战术性的绩效衡量系统。　　　　　　　　　(　　)

3. 平衡计分卡的基本内容由财务、统计、内部业务流程、学习与成长等四个维度组成。　　　　　　　　　　　　　　　　　　　　　　　　　　(　　)

4. 实施平衡计分卡有助于信息时代的先进企业引领市场消费潮流。　(　　)

5. 采用全员主动参与型财务预算有利于平衡计分卡的建立和实施。　(　　)

6. 实施平衡计分卡的企业必定重视激励全员创新性,增加提高员工知识和技能的投资。　　　　　　　　　　　　　　　　　　　　　　　　　　(　　)

7. 平衡计分卡不需要利用财务指标进行绩效衡量和考核。　　　　　(　　)

8. 平衡计分卡提倡公司战略的制定应当由下而上。　　　　　　　　(　　)

(三) 单项选择题

1. 平衡计分卡的核心思想是(　　)。

A. 客户至上,追求卓越,以人为本　B. 由四个(或者四个以上)维度组成

C. 电子计算机的应用　　　　　　D. 现代管理科学的应用

2. 平衡计分卡以公司的(　　)为出发点。

　　A. 利润最大化　　　　　　　　B. 股东财富最大化

　　C. 愿景和战略　　　　　　　　D. 客户取向

3. 企业实施平衡计分卡能有效地(　　)。

　　A. 增加投资　　　　　　　　　B. 化战略为行动

　　C. 扩大经营规模　　　　　　　D. 增加企业外部信息用户

4. 追求利润最大化,为了赚钱可以不择手段的企业文化是(　　)。

　　A. 建立平衡计分卡的基础　　　B. 实施平衡计分卡的结果

　　C. 平衡计分卡的一部分　　　　D. 建立平衡计分卡的重大障碍

(四) 多项选择题

1. 反映平衡计分卡客户维度的绩效指标有(　　)。

　　A. 市场份额　　　　　　　　　B. 老客户保留率

　　C. 客户满意度　　　　　　　　D. 新客户获取率

2. 下列指标中,属于学习与成长维度的有(　　)。

　　A. 营业收入增长率　　　　　　B. 员工满意度

　　C. 关键员工流失率　　　　　　D. 员工技术再造周期

3. 下列指标中,不属于财务维度的有(　　)。

　　A. 净资产收益率　　　　　　　B. 修理满意率

　　C. 返修率　　　　　　　　　　D. 客户对售后服务的评价

4. 知识型信息时代的主要经营假设有(　　)。

　　A. 跨职能和一体化经营假设　　B. 客户细分假设

　　C. 创新要求假设　　　　　　　D. 知识型员工假设

四、复习题参考答案

(一) 思考题

(略)

(二) 判断题

1. (×)　2. (×)　3. (×)　4. (√)　5. (√)　6. (√)　7. (×)　8. (×)

(三) 单项选择题

1. (A)　2. (C)　3. (B)　4. (D)

(四) 多项选择题

1. (ABCD)　2. (BCD)　3. (BCD)　4. (ABCD)

第十二章　作业成本管理

一、内容的概要解析

（一）作业成本法

作业成本法是一种通过对所有作业活动进行追踪动态反映,计量作业和成本对象的成本,评价作业业绩和资源的利用情况的成本计算和管理方法。它以作业为中心,根据作业对资源耗费的情况将资源的成本分配到作业中,然后根据产品和服务所耗用的作业量,最终将成本分配到产品与服务。

作业成本计算法的基本要素包括资源,作业和作业成本动因。作业中心是负责完成某一项特定产品制造功能的一系列作业的集合。作业成本法既是一种成本计算方法,也是一种责任考核方法。

按照作业动因可以把作业分为不增值作业,专属作业,共同消耗作业三类;按其为产品服务的方式和原因又可以分为批别动因作业、产品数量动因作业、工时动因作业和价值管理作业。对作业成本计算法下产品成本计算的"两个阶段进行归集分配",其中隐含的因果性表述为"资源作用因"与"作业作用因"通过作业这种行为中介,将资源成本转换到产出上。这个转换过程中包括双层因果关系。

（二）作业成本管理基础

适时生产法和企业资源计划为作业成本管理的可行性创造了条件。作业成本管理是在企业的内部改进和价值评估方面利用作业成本计算法提供成本核算的信息,面向企业的全部流程,包括市场需求分析、研究开发、产品设计、材料采购、生产、质量检验、销售、售后服务等环节的系统化、动态化的全面性,综合性和前瞻性的成本管理。作业成本管理的核心包括价值链分析和作业成本性态分析。

（三）作业成本管理中的本量利分析模型和决策相关信息

1. 作业成本管理中的本量利分析模型

在作业成本管理系统中,成本函数可列为:

$$Y = aX_1 + bX_2 + cX_3 + dX_4$$

或

$$Y = aX_1 + bX_2 + C + D$$

盈亏平衡点的销售量计算如下:

$$\text{盈亏临界点销量} = \frac{\text{综合能力维持层级总成本}+\text{产品层级总成本}+\text{单位"批"成本}\times\text{批数量}}{\text{单价}-\text{单位(变动)成本}\times\text{产销量}}$$

或

$$\text{盈亏临界点销量} = \frac{\text{综合能力维持层级总成本}+\text{单位"产品"层级成本}\times\text{"产品"层级数量}+\text{单位"批"成本}\times\text{批数量}}{\text{单价}-\text{单位(变动)成本}\times\text{产销量}}$$

2. 作业成本管理系统与决策相关信息

"单位"层级作业的成本由于对特定产品的成本动因的敏感性最强,因此在绝大部分情况下,这种成本往往是相关的;相对于"单位"层级作业的成本,"批"层级和"产品"层级作业的成本由于与产品生产线也存在联系性,只要它们与特定产品的联系性较强,那么也属于相关成本;但是"综合能力维持"层级作业的成本,由于不与特定的产品及其生产线有较强的联系性,所以在大部分情况下对于特定的生产部门而言是无关成本。

(四)作业成本管理系统在我国的应用

在我国,作业成本管理系统不仅适用于制造业,也适用于非制造业;不仅适用于非国有企业,也适用于国有企业;作业成本法的实施需要得到企业高层的重视,需要企业所有员工的培训参与,尤其是一线的技术工艺人员与行政人员的配合。作业成本法的实施有赖于企业的会计、计量、统计等基础工作;作业成本法的实施应与企业的其他管理信息系统相结合。

二、背景资料

(一)作业成本法的发展背景

经济的快速发展,使得技术上的变化使许多公司的生产制造环境发生了显著的改变,使用大量机器和由计算机控制的仪器设备,使得生产制造过程的自动化程度不断提高,从而减少了从事直接生产的人工,然而传统的成本管理系统主要是为人工成本为主导的计量和报告而设计的,不适用于自动化生产的要求。如果不加以改进就会导致无法准确地计算产品的利润,造成计划和控制等一系列的管理活动的失效,进而企业在竞争激烈的环境中难以立足。

1987年哈佛商学院的 Rober Kaplan 和 Robin Cooper 两位教授所进行的研究,提出了作业成本法。这种新型的成本法能够提供精确成本信息,而且能够改善经营过程,为资源决策和产品定价及组合决策提供完善的信息,在此基础上建立了以作业成本为基础的管理系统。

(二)IT 技术的运用,MRPⅡ、ERP、CIM、JIT 等系统应用与作业成本法

从最早的物料需求计划(material requirements planning,MRP)、制造资源计划

（manufacturing resource planning，MRP Ⅱ）到近年出现的企业资源计划（enterprise resource planning，ERP）等，为越来越多的企业采用。目前流行的 MRP Ⅱ 有助于管理当局进行及时、有效的投资与生产经营决策；ERP 则是建立在信息技术基础上，以系统化的管理思想，为企业决策层及员工提供决策运行手段的管理平台。

作业成本法处置系统，结合各种独立的电脑程式机器工具进行生产，有益于产品制造程序的弹性化。CIM 则是指以电脑为核心，结合电脑辅助设计、电脑辅助工程及电脑辅助制造系统等所有新科技的系统，以形成自动化的制造程序，实现工厂无人化管理，可减少人工成本、节省时间并提高工作效率。JIT 是根据需要来安排生产和采购，以消除企业制造周期中的浪费和损失的管理系统。在 JIT 下，企业的供、产、销各个环节在时间上必须周密衔接，材料应适时到达现场，前一生产程序的半成品应适时送达后一生产程序，产成品要适时供给顾客，力争使生产经营各个环节无库存储备。

尽管我国经济快速发展，新技术的涌入，使我国大部分企业仍采用的制造成本加管理会计的管理模式与企业战略管理需要提供的充分而适时的信息相矛盾，制约了我国企业的竞争力。并且制造成本和管理会计结合的管理模式虽然在一定程度上弥补了传统制造成本法的不足，但在客观上阻碍了作业成本管理系统的应用。我国现有的责任会计体系事实上也是以作业中心为基础的，可以部分地为适时制生产系统和价值管理提供作业成本信息。我国普遍采用的低工资制度可以部分地确保企业即使不采用作业成本管理系统、不进行精细化生产管理和成本管理，也能够取得成本领先。因此，作业成本管理系统的引入对于我国目前的状况是十分必要的。

（三）作业成本管理实施的现实意义

作业成本管理是以作业为成本管理的起点与核心，比之传统的以商品或劳务为中心的成本管理是一次深层次的变革和质的飞跃。

第一，适应新经济技术环境的客观要求。随着全球经济一体化和资本国际化进程的加快，科学技术朝着信息化方向迅猛发展，市场需求的多样化、个性化，现代企业商品生产过程的自动化、信息化以及制造系统的复杂化是当前不可逆转的大趋势。在这种新的经济技术环境下，若继续采用在商品成本中所占比重越来越小的直接人工去分配所占比重越来越大的制造费用，必将导致商品成本信息的严重失真，进而误导企业的战略决策。

而作业成本管理与传统成本管理的显著区别，在于将企业视作为满足顾客需要而设计的一系列作业的集合体，企业商品凝聚了在各个作业上形成而最终转移给顾客的价值，作业链同时表现为价值链。从而将成本管理的着眼点与重点从传统的"商品"转移到了"作业"，以作业为成本分配对象，这样不仅能够科学合理地分配各种制造费用,提供较为客观的成本信息,而且能够通过作业分析,追根溯源,不断改进作业方式,合理地进行资源配置,实现持续降低成本的目标。因此,作业成本管理能够很好地适应高新经济技术环境对成本管理的客观要求。

第二,有利于加强成本控制。自 20 世纪 80 年代以来,现代企业间的市场竞争进入白热化。与此相适应,企业商品通常采用多品种、个性化、小批量的生产经营模式,以适应顾客日新月异的多样化需求,使得传统的以"商品"为管理的核心与起点,以标准成本与实际成本的差异分析及控制为重点的成本管理,日益难以适应这种新的、动态的、不稳定的生产经营环境。

而作业成本管理则以作业成本为对象,以每一作业的完成及其所耗资源为重点,以成本动因为基础,及时、有效地提供成本控制所需的相关信息。从而可极大地增强管理人员的成本意识,并以作业中心为基础设置成本控制责任中心,将作业员工的奖惩与其作业责任成本控制直接挂钩,充分发挥企业员工的积极性、创造性与合作精神,进而达到有效地控制成本的目的。

第三,有利于提高商品的市场竞争能力。随着社会生产的发展和世界经济的一体化,现代企业间的市场竞争也逐渐趋于激烈化和国际化。而我国传统的成本管理模式只注重商品投产后与生产过程相关的成本管理,忽视了投产前商品开发与设计的成本管理,这已越来越难以适应当代社会经济发展的需要,极大地阻碍了企业商品市场竞争能力的提高。

作业成本管理则能很好地适应现代企业在激烈的市场竞争中的发展需要,从一开始就特别重视商品设计、研究开发和质量成本管理,力求按照技术与经济相统一的原则,科学合理地配置相对有限的企业资源,不断改进商品设计、工艺设计以及企业价值链的构成,从而提高企业商品的市场竞争能力。

阅 读 文 献

[1] 林涛.《管理会计》学习指导与练习[M].厦门:厦门大学出版社,2005.

[2] 侯晓红.管理会计[M].大连:东北财经大学出版社,2004.

[3] 中国注册会计师协会.中国注册会计师考试——财务成本管理[M].2012.

[4] CHARLES T H, GEORGE F, SRIKANT M D. Cost Accounting: A Managerial Emphasis[M]. 12th edition. Prentice Hall, 2006.

三、复习题

(一) 思考题

1. 简述作业成本法与作业成本管理的联系。

2. 举例说明作业成本法的基本要素以及各要素之间的联系。

3. 作业成本管理的应用条件有哪些?

4. 举例说明成本动因是如何选择的。

5. 为什么在作业成本管理系统中盈亏临界点会发生变动?

6. 试比较传统成本管理系统和作业成本管理系统中的短期经营决策的异同。

7. 作业成本管理系统与企业资源计划(ERP)有哪些联系?

(二) 判断题

1. 一项作业指的是一项非常具体的活动　　　　　　　　　　　　(　　)

2. 作业成本法的成本计算可以概括为"将资源直接分配到自制半成品和产成品"。　　　　　　　　　　　　　　　　　　　　　　　　　　(　　)

3. 作业成本管理旨在如何降低产品成本以便于定价和其他成本节约活动。(　　)

4. 资源耗费由资源动因进行分配到各个作业中。　　　　　　　　(　　)

5. 设备调试成本是批层级的。　　　　　　　　　　　　　　　　(　　)

6. 经理人员利用各作业的成本信息来控制间接成本。　　　　　　(　　)

7. 作业中心就是仅仅用来进行成本分配和成本核算。　　　　　　(　　)

8. 作业成本法的作用就是提供成本信息进而将这些信息记录到会计账簿上。

　　　　　　　　　　　　　　　　　　　　　　　　　　　　　(　　)

9. 作业成本法能够辨认各种作业以及解释各作业中的成本是如何发生的。(　　)

10. 传统的成本核算方法一般会高估由自动化设备生产的人工工时耗费较低的产品。　　　　　　　　　　　　　　　　　　　　　　　　　　　(　　)

11. 作业成本管理系统要求作业成本库越多越好。　　　　　　　　(　　)

12. 由于成本动因的多层次性使得产品的盈亏临界点不唯一。　　　(　　)

(三) 单项选择题

1. 下列(　　)不属于作业成本管理系统为经理人员提供很多增加公司盈利的方法。

　　A. 增加特定产品的销售量和售价　B. 规定订单限额以减少浪费

　　C. 增加需求量大的产品产量　　　D. 减少工人人数

2. 西日公司作业成本信息如下所示:

作业	成本(元)	成本动因
账单调查(调查工时)	400 000	10 000
客户结单数(结单数)	280 000	4 000 000
账单核对(账单数量)	150 000	40 000
客户沟通(信件数量)	50 000	4 000
总成本	880 000	

以上作业由 A 与 B 两部门完成：

	A 部门	B 部门
调查工时	2 000	4 000
结单数	400 000	200 000
账单数量	10 000	8 000
信件数量	1 000	1 600

根据上述信息，A 部门应分摊的账单调查成本为（　　）元。

　　A. 80 000　　　　B. 400 000　　　C. 160 000　　　D. 150 000

3. 根据题 2 所示信息，B 部门应分摊的账单调查成本为（　　）元。

　　A. 28 000　　　　B. 280 000　　　C. 14 000　　　D. 250 000

4. 根据题 2 所示信息，A 部门应分摊的账单核对成本为（　　）元。

　　A. 30 000　　　　B. 37 500　　　C. 150 000　　　D. 10 000

5. 根据题 2 所示信息，B 部门应分摊的账单核对成本为（　　）元。

　　A. 1 600　　　　B. 12 500　　　C. 50 000　　　D. 20 000

6. 根据题 2 所示信息，A 部门应分摊的总成本为（　　）元。

　　A. 158 000　　　B. 80 000　　　C. 224 000　　　D. 880 000

7. 根据题 2 所示信息，B 部门应分摊的总成本为（　　）元。

　　A. 158 000　　　B. 80 000　　　C. 224 000　　　D. 880 000

8. 关于作业成本法，下列说法中，不正确的是（　　）。

　　A. 所有产品的总成本是全部作业所消耗资源的总量

　　B. 成本根据作业动因分配到作业

　　C. 作业成本根据作业动因分配到有关产品

　　D. 直接成本可以直接计入有关产品，与传统的成本计算方法并无差异

9. 作业成本法的主要特点不包括（　　）。

　　A. 成本计算分为两个阶段

　　B. 成本分配强调可追溯性

　　C. 成本追溯使用众多不同层级的作业动因

　　D. 间接费用直接人工工时分配

10. 作业成本法的说法中，不正确的是（　　）。

　　A. 资源动因是引起作业成本变动因素，作业动因是引起产品成本的因素

　　B. 作业成本法可表述为"作业消耗资源、产品消耗作业"

　　C. 作业成本法的成本分配使用直接追溯和动因追溯，不使用分摊

D. 成本动因的追溯过程中使用众多不同层面的作业动因

11. 下列说法中,不正确的是( )。

A. 直接人工成本属于单位级作业的成本

B. 对每批产品的机器调试属于批层级作业

C. 对一种产品进行设计属于产品层级作业

D. 综合能力维持层级作业的目的是服务于生产所有产品的耗费

12. 按产出方式的不同,企业的作业可以分为以下四类。其中,随产量变动而正比例变动的作业是( )。

A. "单位"层级的作业   B. "批"层级的作业

C. "产品"层级的作业   D. "综合能力维持"层级的作业

13. 下列各项中,适合作为"单位"层级的作业动因是( )。

A. 生产准备次数   B. 零部件产量

C. 采购次数   D. 耗电千瓦时数

14. 下列有关价值链分析的说法中,不正确的是( )。

A. 价值链分析可以帮助消除非增值作业、降低非增值成本

B. 优化价值链,可以提高客户价值,从而增加企业盈利

C. 作业成本分配的结果可初步判断某项作业在价值链中存在的意义

D. 价值链分析判断增值与非增值作业,计算和报告增值与非增值成本

15. 下列关于作业成本管理与传统成本管理的区别的说法中,错误的是( )。

A. 传统成本管理关注产品成本,作业成本管理关注作业成本

B. 传统成本管理一般以部门(或生产线)作为成本中心,作业成本管理则是以作业中心来划分职责

C. 传统成本管理以标准成本作为控制标准,作业成本不是

D. 传统成本管理忽视增值作业,而作业成本管理重视增值作业

16. 假设其他条件既定,各因素之间不存在高度相关,在匹配成本动因与作业成本时,则匹配偏相关系数为( )的作为成本动因。

A. 0.84   B. 0.86   C. 0.72   D. 0.68

17. 采用历史成本分析法对成本性态进行分析,有可靠理论依据且计算结果比较精确的方法是( )。

A. 技术测定法   B. 散布图法   C. 回归直线法   D. 高低点法

(四)多项选择题

1. 作业成本计算法的基本要素包括( )。

A. 资源   B. 作业链   C. 作业中心   D. 成本动因

2. 共同消耗作业按其为产品服务的方式和原因可以分为( )。

A. 批别动因作业　　　　　　　B. 价值管理作业

C. 工时动因作业　　　　　　　D. 产品数量动因作业

3. "作业"可以描述为（　　）。

　　A. 质量监管　　　　　　　　B. 签订银行贷款协议

　　C. 研发设计　　　　　　　　D. 运输原材料

4. 下列可作为成本动因的有（　　）。

　　A. 直接人工工时　　　　　　B. 运输里程

　　C. 产品数量　　　　　　　　D. 机器工时

5. 下列对相关企业而言可视为不增值作业的有（　　）。

　　A. ADIDAS 设计 TS 系列减震篮球鞋

　　B. TOYOTA 召回汽车

　　C. 中国中铁旅客列车提速

　　D. 东航航班延误

6. 下列对相关企业而言可视为共同消耗作业的有（　　）。

　　A. GUCCI 邀请名模展示新款服装

　　B. GENSLER 建筑设计事务所设计"上海中心"大厦

　　C. 广深铁路售票中心客票出售

　　D. BOEING 公司研发波音 787 客机

7. 作业成本管理可行的条件有（　　）。

　　A. 平衡计分卡　　　　　　　B. 适时生产法

　　C. 机会成本分析　　　　　　D. 企业资源计划

8. 对于相关企业下列属于价值链中"生产"环节的活动有（　　）。

　　A. 江阴市政公司派洒水车清洗街道

　　B. 上海电影制片厂翻译配音进口影片

　　C. 霸王国际集团邀请成龙代言洗发水

　　D. 港龙航空班机空姐为乘客提供茶水

9. 下列属于价值链中"研发"环节的活动有（　　）。

　　A. 上海地铁延长 9 号线运营时间

　　B. 辉瑞制药收集细菌进行培养

　　C. 昆明公交更新使用新型"绿色"客车

　　D. Nike 公司调查运动员受伤资料

10. 对于一家印刷厂而言，下列属于"批"层级作业动因的有（　　）。

　　A. 年购置张次数　　　　　　B. 年印刷次数

　　C. 年消耗油墨桶数　　　　　D. 年装订次数

(五) 业务题

1. 表 12-1 中列出了作业名称和备选成本动因。

表 12-1　匹配成本动因

作　　业	匹配成本动因	备选成本动因
机器维修		(1) 检验工时数
设备调试		(2) 调试工时数
质量控制		(3) 机修工时
原料订购		(4) 订购次数
生产排班		(5) 仓库空间
仓　　储		(6) 机器工时
工程设计		(7) 管理人员工资
		(8) 待机时间
		(9) 设计时间
		(10) 排班时数

要求：对表内第一栏的作业匹配成本动因。

2. E公司是一个生产和销售电话的小型企业，主要有无绳电话和传真电话两种产品。公司最近开始试行作业成本计算系统。

(1) 2012年年初制定了全年各月的作业成本预算，其中2012年8月份的预算资料如表 12-2 所示。

表 12-2　8月份预算资料

作业名称	作业动因	作业动因预算数	作业成本预算额(元)
机器焊接	焊接工时	1 000 工时	30 000
设备调整	调整次数	300 次数	1 500 000
发放材料	生产批次	25 批次	62 500
质量抽检	抽检次数	400 次数	170 000
合　　计			1 762 500

(2) 8月4日，该公司承接了甲客户购买500部传真电话和2 000部无绳电话的订单，有关的实际作业量如表 12-3 所示。

表 12-3 实 际 作 业 量

产品名称	焊接工时	调整次数	生产批次	抽检次数
无绳电话	250	100	10	100
传真电话	500	200	20	200

(3) 8月31日,为甲客户加工的产品全部完工。8月份各项作业成本实际发生额如表12-4所示。

表 12-4 各项作业成本实际发生额 单位:元

作 业 名 称	作业成本实际发生额
机器焊接	23 850
设备调整	1 440 000
发放材料	76 500
质量抽检	128 775
合　计	1 669 125

要求:

(1) 计算作业成本的预算分配率。

(2) 按预算分配率分配作业成本。

(3) 计算差异调整率。

(4) 分别计算甲客户无绳电话和传真电话的实际作业总成本。

3. 表12-5列出了作业及备选成本动因。

表 12-5 匹配成本动因

备选成本动因	作 业	匹配成本动因	是否增值	作业的层级
1. 储存时间	产品式样设计			
2. 检验时间	发货			
3. 科研成本	酒酿窖存			
4. 保洁时间	工人操作机床			
5. 设计次数	废品处理			
6. 输送时间	输送半成品			
7. 人工工时	原料验收			

（续表）

备选成本动因	作　业	匹配成本动因	是否增值	作业的层级
8. 收到订单数量	产成品包装			
9. 机器工时	新产品研发			
	厂房保洁			

要求：给各作业填入匹配成本动因，并判断是否增值及作业的层级。

4. 苏格（英国）奶制品用回归直线法（一元回归）选择作业成本动因，待选择的成本动因是"机器工时"与"包装件数"。两个待选成本动因分别经过回归计算得出以下结果：

机器工时：

变量	系数	标准误差	t 值
常数	£748.30	£341.20	2.19
自变量(x)	£52.90	£35.20	1.50

$r^2 = 0.33$

包装件数：

变量	系数	标准误差	t 值
常数	£242.90	£75.04	3.24
自变量(x)	£5.60	£2.00	2.80

$r^2 = 0.73$

假设 t 临界值为 2.046。

要求：

(1) 写出回归方程。

(2) 判断应选择哪个作为成本动因，为什么？

5. 金铜（美国）公司是一家经销黄铜镜框的企业，目前，该公司计划以每件 30 美元购买镜框，然后以每件 45 美元出售。该公司的固定成本为 240 000 美元。另外，每次运送费为 60 美元。

(1) 如果金铜公司本年出售 40 000 件镜框，并运送 1 000 次，计算当年利润。

(2) 如果金铜公司本年出售 40 000 件镜框，并运送 800 次，计算当年利润。

(3) 如果金铜公司运送 500 次，计算当年盈亏临界点销售量。

(4) 如果金铜公司运送 1 000 次，计算当年盈亏临界点销售量。

(5) 解释金铜公司为什么会出现多个盈亏临界点销售量。

6. 粒馨糖果厂生产销售坚果软糖。目前坚果都是自己烤，由于软糖的需求量从去年开始逐年增加，为了抓紧市场机会，粒馨糖果考虑直接购买烤坚果，而把这个剩余的生产能力转移至生产更多的软糖。烤坚果的成本信息如下(单位:元):

直接材料	0.50
直接人工	0.06
单位层级的作业成本	0.10
批层级的作业成本	0.04
产品层级的作业成本	0.05
综合维持层级的作业成本	0.15
每千克单位制造成本	0.90

一家名牌食品公司与粒馨糖果厂商洽愿意以每千克0.85元为粒馨提供烤坚果。

要求:判断粒馨糖果是否接受该食品公司的供货提议。

7. TC公司有三条糖果生产线,今年三条生产线的盈利状况如下:

	巧克力	水果糖	薄荷糖	合计
销售收入	￥40 000	￥25 000	￥35 000	￥100 000
单位层级作业成本	26 000	15 000	19 000	60 000
边际贡献	￥14 000	￥10 000	￥16 000	￥40 000
发货成本(按次数计算)	2 000	3 000	2 000	7 000
租金费用(每平方米使用)	3 000	3 000	2 000	8 000
行政管理费用	5 000	5 000	5 000	15 000
营业利润	￥4 000	￥(1 000)	￥7 000	￥10,000

要求:由于水果糖生产线是亏损的假设剩余生产能力不能转移,判断是否考虑关闭。

8. 广大公司经销仿大理石地板砖,该公司业务主要包括三个作业:订购,搬运与仓储、运送,该公司规模小,固定成本不影响决策而且产品适销,很少留有存货。本月的运营情况如表12-6所示。

表12-6 运营情况表

作 业	成 本 动 因	成本动因发生数	成本动因分配率
订购	订购次数	500	50
搬运与仓储	卸货次数	4 000	30
运送	运输单数量	1 500	40

假设本月该公司购买了以每块3元购买了250 000块地板砖,然后以每块4元卖出。

要求:(1) 计算广大公司本月利润。

(2) 如果下个月,广大公司的客户提出打九五折,但是供应商却只打九六折,而且广大公司下月的预算中仍保持和本月一样的销售数量,请预算广大公司下个月的利润。

(3) 从长计划,如果广大公司准备下个月就从运营作业着手。首先,将现有的订货次数缩减至200次,这样每次订购成本可缩减至25元;其次,搬运次数减至3 125次,这样每次搬运成本可减少2元,运送成本维持现状。如果可行,广大公司是否能达到每块瓷砖的利润为0.30元?

(六) 案例分析题

阳光保险公司向居民和商业顾客出售一系列保险产品,该保险公司的保险账户查询部主要向两大类客户——居民和商业客户提供账户查询和账单打印业务。目前,保险公司的获利能力主要受两个因素的影响:一是保险业的日益激烈的竞争使得各保险公司相互降低保险价格,因此,该保险公司为了提高获利能力必须寻求降低经营费用的途径;二是在该保险公司的主要辖区内,由于住宅开发和商业扩建使得对保险服务的需求增加。据新住宅开发部估计,下一年度居民客户将增加20%,商业客户将增加10%。由于保险账户查询部正满负荷运营,为了满足增加了的客户服务需要,它必须寻求增加服务能力的途径。假定所有与保险账户查询部有关的费用都是间接费用,无法以经济可行的方式确定这些费用是属于哪种顾客。保险账户查询部的传统成本分配是以账户查询数量为基础进行分配的。保险账户查询部的传统成本计算方法如表12-7所示。

表 12-7 传统成本计算方法 金额单位:元

间接费用	
人工:监督	68 000
人工:账户查询	240 000
人工:制单	136 000
房屋折旧	96 000
通信	116 000
计算机	360 000
打印机	11 200
纸张	15 200
总计	1 042 400
查询数量(次)	31 500
居民账户查询次数(次)	25 000
商业账户查询次数(次)	6 500

由于传统成本计算制度有其固有的缺陷,为了提高保险公司的获利能力,必须对传统成本计算制度进行改进。目前,制造业十分流行作业成本计算制度,该保险公司账户查询部也希望引进作业成本法。在作业分析的过程中,人们发现复信作业可有可无。表12-8列示了该查询部目前有关作业的相关信息。

表 12-8　有关作业的相关信息

作　　业	成本动因	间接成本额 (元)	作　业　量		合　　计
			居民账户	商业账户	
制单	账单行数	430 000	9 000	1 000	10 000
账单查询	人工小时数	126 000	800	750	1 550
账户复查	商业账户数	390 000	0	10 000	10 000
复信	信件数	96 400	900	500	1 400
合　计		1 042 400			

　　要求:与传统成本法比较,分析实行作业成本法可为管理当局提供哪些决策信息。

四、复习题参考答案

(一)思考题

(略)

(二)判断题

1.(×)　2.(×)　3.(×)　4.(√)　5.(√)　6.(√)　7.(×)　8.(×)
9.(√)　10.(×)　11.(×)　12.(√)

(三)单项选择题

1.(D)　2.(A)　3.(C)　4.(B)　5.(D)　6.(A)　7.(C)　8.(B)
9.(D)　10.(C)　11.(D)　12.(A)　13.(D)　14.(C)　15.(C)
16.(B)　17.(C)

(四)多项选择题

1.(AD)　2.(ABCD)　3.(ABCD)　4.(ABCD)　5.(BD)　6.(AC)
7.(BD)　8.(ABD)　9.(BD)　10.(ABD)

(五)业务题

1.匹配成本动因分别为:

(3)机修工时。

(2)调试工时数。

(1)检验工时数。

（4）订购次数。

（10）排班时数。

（5）仓库空间。

（9）设计时间。

2.（1）作业成本预算分配率分别为：30，5 000，2 500，425。

（2）按预算分配率分配作业成本为：无绳电话 575 000 元、传真电话 1 150 000 元，合计 1 725 000 元。

（3）差异调整率分别为：机器焊接 6%、设备调整—4%、发放材料 2%、质量抽检 1%。

（4）

表 12-9　作业成本计算表

产　品		机器焊接	设备调整	发放材料	质量抽检	合　计
无绳电话	已分配成本	7 500	500 000	25 000	42 500	575 000
	差异调整额	7 500×6%＝450	—20 000	500	425	—18 625
	合计	7 950	480 000	25 500	42 925	556 375
传真电话	已分配成本	15 000	1 000 000	50 000	85 000	1 150 000
	差异调整额	900	—40 000	1 000	850	—37 250
	合计	15 900	960 000	51 000	85 850	1 112 750

3.

表 12-10　匹配各项作业成本动因

匹配成本动因	是否增值*	作业的层级*
5. 设计次数	是	产品
8. 收到订单数量	是	批
1. 储存时间	是	单位
7. 人工工时	是	单位
7. 人工工时	否	单位
6. 输送时间	否	批
2. 检验时间	否	批
9. 机器工时	是	单位
3. 科研成本	是	综合维持
4. 保洁时间	否	综合维持

* 答案有相对性。

4.

(1) 机器工时：$y = £748.30 + £52.90x$

包装件数：$y = £242.90 + £5.60x$

(2) 选择包装件数为成本动因。由于包装件数的相关程度高。

5. (1) 当年利润 = $ 300 000

(2) 当年利润 = $ 312 000

(3) 盈亏临界点销售量：$X = 18\,000$(件)

(4) 盈亏临界点销售量：$X = 20\,000$(件)

(5) 作业水平发生变化，即使单位变动成本水平不变，盈亏临界点也会发生变动。

6. 可避免成本每千克 0.75 元小于 0.85 元，所以不接受目前的价格，还需再协商。

7. 关停后公司总利润将减少 4 000 元。

8. (1) 总营业利润 45 000 元，单位营业利润 0.18 元。

(2) 总营业利润 25 000 元，单位营业利润 0.10 元。

(3) 总营业利润 77 500 元，单位营业利润 0.31 元，达到目标利润。

(六) 案例分析题

在传统成本法下，居民顾客和商业顾客的单位成本计算如表 12-11 所示。

表 12-11 传统成本法下单位成本计算

间 接 费 用	金 额
总计	1 042 400
查询数量	31 500
单位查询成本	33.09
居民账户查询次数	25 000
商业账户查询次数	6 500
单位居民账户成本	16.55
单位商业账户成本	21.51

在作业成本法下，居民账户和商业账户的成本计算如表 12-12 所示。

从表 12-12 分析可以看出，在传统的完全成本法下，居民账户的单位成本为 16.55元，商业账户的单位成本为 21.51 元，而在作业成本法下，居民账户的单位成本为 10.28 元，商业账户单位成本为 52.84 元。由此可见，传统成本法极大地歪曲了成本管理信息，不利于加强成本管理。除此之外，作业成本法还为管理者提供许多决策信息。首先，在作业分析的过程中，可以发现非增值的作业，通过消除非增值作业，节约复信费用，就可以达到降低成本的目的。其次，成本动因为我们揭示了成本发生的真正原因，通过对成本动因的控制，可以达到成本控制的目的。最后，作业法可以为管

表 12 - 12 作业成本法下成本计算

作 业	间接成本额	作 业 量		合 计	单位作业成本
		居民账户	商业账户		
制单	430 000	9 000	1 000	10 000	43
账单查询	126 000	800	750	1 550	81.29
账户复查	390 000	0	10 000	10 000	39
复信	96 400	900	500	1 400	68.86
合计	1 042 400				

作 业	单位作业成本	居 民 账 户		商 业 账 户	
		作业量	作业成本	作业量	作业成本
制单	43	9 000	387 000	1 000	43 000
账单查询	81.29	800	65 032.26	750	60 967.74
账户复查	39	0	0	10 000	390 000
复信	68.86	900	61 971.43	500	34 428.57
合计			514 003.69		528 396.31
单位成本			10.28		52.84

理当局提供关于未来需要投入的资源量的信息。据新住宅开发部估计,下一年度居民客户将增加 20%,商业客户将增加 10%,根据作业成本计算法的原理,客户即成本对象消耗的是作业,而作业消耗的是资源,所以客户的增加预示着各个作业资源投入量的增加。根据作业成本计算的结果,应该增加的资源投入为:50 000 × 20% × 10.28 + 10 000 × 10% × 52.84 = 155 640(元)。

附录　模拟试卷

模拟试卷（A）

一、单项选择题（共 15 题，每小题 1 分，共 15 分）

1. 管理会计的服务对象侧重于（　　）。
   A. 投资人　　　　　　　　　　B. 债权人
   C. 内部经营管理人员　　　　　D. 政府机关

2. 在全部投资均于建设起点一次投入，建设期为零，投产后每年现金净流量相等的情况下，为计算内含报酬率所求得的年金现值系数应等于该项目的（　　）。
   A. 净现值率　　　　　　　　　B. 内部报酬率
   C. 静态投资回收期　　　　　　D. 内含报酬率

3. 下列有关边际贡献率与其他指标关系的表达式中，正确的是（　　）。
   A. 边际贡献率＋保本作业率＝1　B. 边际贡献率×安全边际率＝1
   C. 边际贡献率＋变动成本率＝1　D. 边际贡献率×保本作业率＝1

4. 某企业采用指数平滑法进行销售预测，其本月预计销售收入 100 万元，实际销售收入 120 万元，若该企业采用的平滑系数为 0.3，则其预计下月的销售收入为（　　）万元。
   A. 114　　　　　B. 106　　　　　C. 66　　　　　D. 110

5. 一项 500 万元的借款，借款期 5 年，年利率为 8%，若每半年复利一次，年实际利率会高出名义利率（　　）。
   A. 0.16%　　　　B. 8.16%　　　　C. 0.08%　　　　D. 8.08%

6. 销售百分比预测法，是用来预测（　　）的。
   A. 销售收入总额　　　　　　　B. 现金流量
   C. 产销业务量　　　　　　　　D. 资金需要量

7. 已知固定性制造费用标准分配率为 2 元/小时。当月相关数据如下：实际发生固定性制造费用 9 800 元，实际工时为 5 000 小时，标准工时为 4 800 小时，预计应完成的总工时为 5 600 小时，则固定性制造费用的总差异为（　　）。
   A. 超支 200 元　　　　　　　　B. 节约 1 200 元
   C. 节约 200 元　　　　　　　　D. 超支 400 元

8. 某方案贴现率为 10% 时，净现值为 382 元；贴现率为 12% 时，净现值为 −187 元；则该方案内部收益率为（　　）。

A. 11.68%　　　B. 12.12%　　　C. 10.32%　　　D. 11.34%

9. 某企业只生产一种产品,单位变动成本为 66 元,固定成本总额 4 000 元,产品单位售价 86 元,要使安全边际率达到 50%,该企业的销售量应达到(　　)件。

A. 400　　　　B. 222　　　　C. 186　　　　D. 510

10. 某企业拟投资建设一条新生产线。现有两个方案可供选择:A 方案的原始投资为 2 500 元,项目计算期为 11 年,净现值 960 万元;B 方案的原始投资为 2 200 万元,项目计算期为 10 年,净现值 940 万元,该行业的基准折现率为 10%,该企业运用年等额净回收额法来判断方案的可行性,则该企业(　　)。

A. 选择 B 方案较为有利

B. 选择 A 方案较为有利

C. 因为原始投资额不同,所以不应用等额净回收额法来判断方案的可行性

D. 因为项目计算期不同,所以不应用等额净回收额法来判断方案的可行性

11. 在编制预算时,应考虑预算期内一系列可能达到的业务量水平的编制方法是(　　)。

A. 固定预算　　　B. 增量预算　　　C. 弹性预算　　　D. 滚动预算

12. 在投资中心的主要指标考核中,(　　)指标能使个别投资中心的局部利益与企业整体利益相一致。

A. 利润总额　　　B. 剩余收益　　　C. 销售利润率　　　D. 投资利润率

13. 下面指标中,属于财务维度的是(　　)。

A. 经济增加值　　　　　　　　B. 修理满意率

C. 返修率　　　　　　　　　　D. 客户对售后服务的评价

14. 由同质的成本动因组成的成本费用是指(　　)。

A. 作业库　　　B. 作业链　　　C. 成本库　　　D. 成本管理中心

15. 人工成本数量差异是由于存在(　　)。

A. 实际工时与标准工时之差　　　B. 实际工资率与标准工资率之差

C. 实际工时与定额工时之差　　　D. 预算工时与标准工时之差

二、多项选择题(共 10 题,每小题 2 分,共 20 分)

1. 管理会计的主要内容包括(　　)。

A. 利用各种信息进行决策　　　　B. 编制对外财务报告

C. 规划与控制　　　　　　　　　D. 进行业绩评价

2. 投资报酬率可以进一步分解为两个相对数指标之积,它们包括(　　)。

A. 经营资产周转率　　　　　　　B. 销售成本率

C. 边际贡献率　　　　　　　　　D. 销售利润率

3. 在标准成本制度下,如采用三差异法对固定制造费用总额进行分解,可以将

其分解为（　　）。

  A. 预算差异 B. 能力差异 C. 能量差异 D. 效率差异

 4. 下列表述中,正确的有（　　）。

  A. 在其他因素不变时,产销量越大,经营杠杆系数越大

  B. 安全边际率越高,企业经营风险越小

  C. 安全边际率与保本作业率和为1

  D. 边际贡献小于固定成本,企业亏损

  E. 经营杠杆系数与安全边际率的和为1

 5. 甲利润中心常年向乙利润中心提供劳务,在其他条件不变的情况下,如提高劳务的内部转移价格可能出现的结果有（　　）。

  A. 甲利润中心内部利润减少 B. 乙利润中心内部利润减少

  C. 企业利润总额增加 D. 企业利润总额不变

 6. 下列成本动因中,可能成为设备调整作业成本动因的有（　　）。

  A. 设备调整次数 B. 设备调整时间

  C. 每次调整的资源成本 D. 直接人工成本

 7. 下列（　　）属于增值作业。

  A. 产品设计 B. 产品加工 C. 过量储存 D. 产品交付

 8. 某企业只销售一种产品,2007年销售量是8 000件,单价为240元,单位成本为180元,其中单位变动成本为150元,该企业计划2008年利润比2007年增加10%,则企业可采取的措施有（　　）。

  A. 增加销售量534件 B. 降低单位变动成本6元

  C. 降低固定成本48 000元 D. 提高单价6元

  E. 提高单价6.8元

 9. 对于同一个投资方案来讲,下列表述中,正确的有（　　）。

  A. 折现率越高,净现值越小

  B. 折现率越高,净现值越大

  C. 折现率与内含报酬率相等时,净现值为零

  D. 折现率高于内含报酬率时,净现值为负数

 10. 现金预算一般包括（　　）。

  A. 期初现金余额 B. 现金收入

  C. 现金支出 D. 现金多余与不足

三、判断题(共10题,每小题1分,共10分)

 1. 在同一产销量水平上,经营杠杆系数越大,利润变动幅度就越大,从而风险也就越大。   （　　）

2. 半成品进一步加工的决策主要是研究进一步加工后所得的收入是否超过进一步加工时所追加的成本。　　　　　　　　　　　　　　　　　（　　）

3. 经济批量控制所要考虑的相关成本包括订货成本和存储成本两部分。（　　）

4. 平衡计分卡有四个维度，每个维度均应包括目标、绩效指标、措施和任务等内容。　　　　　　　　　　　　　　　　　　　　　　　　　（　　）

5. 作业成本是指从产品开发、生产、营销最终到向顾客交付产品和劳务所必需的一系列作业价值的集合。　　　　　　　　　　　　　　　　　（　　）

6. 在一个企业中，提高企业内部转移价格会改变企业的利润总额。（　　）

7. 在基期成本费用水平的基础上，结合预算期业务量及有关降低成本的措施，通过调整有关原有成本项目而编制预算的一种方法，称为零基预算。（　　）

8. 如果产品的单价与变动成本上升的百分比相等，其他因素不变，则保本销售量上升。　　　　　　　　　　　　　　　　　　　　　　　　（　　）

9. 管理会计的核算中全面预算和成本控制合称为规划控制会计。（　　）

10. 某投资项目于建设期初一次投入原始投资 400 万元，现值指数为 1.35，则该项目净现值为 540 万元。　　　　　　　　　　　　　　　　　（　　）

四、业务题（共 45 分）

1. （10 分）某企业 2012 年甲产品年初存货 2 000 件，单位变动生产成本 12 元，单位完全生产成本 14.5 元。2007 年本产品生产了 30 000 件，销售了 31 000 件，单位售价 20 元，单位变动生产成本 12 元，单位变动销售管理费用 2 元，全年固定销售及管理费用 40 000 元，固定制造费用 90 000 元，存货计价采用先进先出法。

要求：采用变动成本法和完全成本法计算当年利润并加以验证。

2. （7 分）某企业盈亏临界点的月销售额为 50 000 元，在其他指标不变而固定成本增加 5 000 元时，为了实现保本需增加销售额 8 000 元。

要求：

（1）计算原固定成本总额。

（2）计算边际贡献率。

（3）计算变动成本率。

3. （10 分）某仪器厂每月生产 200 台乙型仪器，该仪器需要一种显示器。过去，该厂一直从市场上以每台 5 000 元的价格购买。近来，考虑到该厂有一定的剩余生产能力，恰好能满足每月生产 200 台该种显示器的需求。根据本厂有关部门的测算，生产此种显示器的单位成本为 6 000 元，其中包括 4 000 元的变动生产成本和 2 000 元的固定制造费用。

要求：

（1）该厂显示器应自制还是外购？

（2）如果该厂自己不生产显示器，可生产另一产品的丙部件，为此可节约丙部件的外购成本 100 000 元。该厂显示器应自制还是外购？

（3）如果该厂为了生产该种显示器，需要租用一台辅助设备，每月需要支付 160 000 元的设备租金，如果不生产，仍可生产丙部件，在这种情况下，该厂显示器应自制还是外购？

4.（10 分）编制 2012 年 1 月份现金预算：预计月初现金预算 8 000 元，月初应收账款余额 4 000 元，预计月内可收回 80%；本月劳务收入 50 000 元，当期收回现金 50%；采购材料 8 000 元，当期付款 70%；月初应付账款 5 000 元，需要在月内确保付清；本月现金支付工资 8 400 元；间接费用 50 000 元，其中折旧 4 000 元，该公司经营环节需缴纳营业税（5%）及附加（附加率 10%），预交所得税 900 元；购买设备支付 20 000 元现金，现金如果不足，向银行借款，借款额为 1 000 元的倍数。现金余额最低 3 000 元。

要求：编制 1 月份期末现金预算。

5.（8 分）某企业本期生产甲产品 400 件，实际耗用工时 5 000 小时，本期预算固定制造费用 42 000 元，预算工时 5 600 小时，实际固定制造费用 45 000 元，每件产品标准工时 12 小时。

要求：采用三因素法计算分析固定制造费用成本差异。

五、案例分析题（答案必须写在答题卷相应的位置上，否则无效；本题 10 分）

案例资料：

某公司一台设备已使用多年，财务经理向总经理建议售旧购新，新设备买价 60 000 元，可使用 10 年，每年付现的运行成本 12 000 元，估计 5 年后需大修一次，其成本为 2 500 元，10 年后估计残值为 6 000 元。

车间主任不同意，认为翻新仍然可用，他向总经理提出翻新。根据预测，立即翻新需支付 20 000 元，估计 5 年后还需花 8 000 元大修，运行期 10 年。10 年内每年付现的运行成本 16 000 元，10 年后估计残值为 6 000 元。

目前，旧设备出售价为 13 000 元，该企业资金成本为 10%。

要求：协助总经理做出选择方案的决策，并进行分析、说明理由。

模拟试卷(A)参考答案及评分标准

一、单项选择题(每小题 1 分,共 15 分)

1. (C) 2. (C) 3. (C) 4. (B) 5. (A) 6. (D) 7. (A) 8. (D)
9. (A) 10. (A) 11. (C) 12. (B) 13. (A) 14. (C) 15. (A)

二、多项选择题(每小题 2 分,共 20 分)

1. (ABC) 2. (AD) 3. (ABD) 4. (BCD) 5. (BD) 6. (ABC)
7. (ABD) 8. (ABCD) 9. (ACD) 10. (ABCD)

三、判断题(每小题 1 分,共 10 分)

1. (√) 2. (×) 3. (×) 4. (√) 5. (×) 6. (×) 7. (×) 8. (×)
9. (√) 10. (×)

四、业务题(共 45 分)

1. (本小题 10 分)

变动成本法:利润 $= 20 \times 31\,000 - (12 + 2) \times 31\,000 -$
$(90\,000 + 40\,000) = 56\,000$(元)　　　　　　　　　　(4 分)

完全成本法:利润 $= 20 \times 31\,000 - (14.5 \times 2\,000 + 15 \times 30\,000 - 15 \times 1\,000) -$
$(2 \times 31\,000 + 40\,000) = 54\,000$(元)　　　　　(4 分)

验证:$54\,000 - 56\,000 = 3 \times 1\,000 - 2.5 \times 2\,000$　　　　(2 分)

2. (本小题 7 分)盈亏临界点销售额 = 固定成本 / 边际贡献率

变动前 = 原固定成本 / 边际贡献率 $= 50\,000$

$50\,000 + 8\,000 = ($原固定成本 $+ 5\,000) /$ 边际贡献率

原固定成本 $= 31\,250$(元)　　　　　　　　　　　　(3 分)

边际贡献率 $= 62.5\%$　　　　　　　　　　　　　　　(3 分)

变动成本率 $= 1 - 62.5\% = 37.5\%$　　　　　　　　　(1 分)

3. (本小题 10 分)

(1) 自制方案的总成本 $= 4\,000 \times 200 = 800\,000$(元)

外购方案的总成本 $= 5\,000 \times 200 = 1\,000\,000$(元)　　应自制　　(3 分)

(2) 自制方案的总成本 $= 4\,000 \times 200 + 100\,000 = 900\,000$(元)

外购方案的总成本 $= 5\,000 \times 200 = 1\,000\,000$(元)　　应自制　　(3 分)

(3) 自制方案的总成本 $= 4\,000 \times 200 + 100\,000 + 160\,000 = 1\,060\,000$(元)

外购方案的总成本 $= 5\,000 \times 200 = 1\,000\,000$(元)　　应外购　　(4 分)

4.（本小题 10 分）　期初现金余额　8 000

加：现金收入　28 200（4 000×80％＋50 000×50％）

可供使用现金　36 200　　　　　　　　　　　　　　　（3 分）

减：各项现金支出合计　88 650

材料采购支出　10 600（8 000×70％＋5 000）

工资支出　8 400

间接费用支出　46 000（50 000－4 000）

营业税等税金支出　2 750[50 000×5％×（1＋10％）]

所得税支出　900

购买设备支出　20 000　　　　　　　　　　　　　　　（4 分）

现金多余或不足　－52 450　　　　　　　　　　　　　（1 分）

向银行借款　56 000　　　　　　　　　　　　　　　　（1 分）

期末现金余额　3 550　　　　　　　　　　　　　　　　（1 分）

5.（本小题 8 分）

固定制造费用标准分配率 ＝ 42 000 ÷ 5 600 ＝ 7.50（元）

固定制造费用实际分配率 ＝ 45 000 ÷ 5 000 ＝ 9（元）

固定制造费用耗费差异 ＝ 45 000 － 42 000 ＝ 3 000（元）（不利差异）　（2 分）

固定制造费用闲置能量差异 ＝（5 600 － 5 000）× 7.5 ＝ 4 500（元）

（不利差异）　　　　　　　　　　（2 分）

固定制造费用效率差异 ＝（5 600 － 400 × 12）× 7.5 ＝ 1 500（元）

（不利差异）　　　　　　　　　　（2 分）

标准固定制造费用 ＝ 7.5 × 400 × 12 ＝ 36 000（元）

固定制造费用差异 ＝ 45 000 － 36 000 ＝ 9 000（元）（不利差异）

验证：固定制造费用差异 ＝ 3 000 ＋ 4 500 ＋ 1 500 ＝ 9 000（元）　（2 分）

五、案例分析题（本题 10 分）

$\Delta NCF_0 ＝ － 6 000 ＋ 2 000 ＋ 13 000 ＝ － 27 000$（元）　　　（2 分）

$\Delta NCF_1 \sim \Delta NCF_4 ＝ 16 000 － 12 000 ＝ 4 000$（元）　　　（2 分）

$\Delta NCF_5 ＝ 4 000 ＋（8 000 － 2 500）＝ 9 500$（元）　　　（2 分）

$\Delta NCF_6 \sim \Delta NCF_{10} ＝ 4 000$（元）　　　　　　　　　　　（1 分）

$\Delta NPV ＝ 4 000（P/A,10％,10）＋ 5 500（P/F,10％,5）－ 27 000 ＝$

995.5（元）$＞ 0$　　　　　　　　　　　　　　　　　（2 分）

应选择售旧购新方案。　　　　　　　　　　　　　　　（1 分）

模拟试卷(B)

一、单项选择题(共15题,每小题1分,共15分)

1. 处于管理会计核心地位的是( )。

    A. 规划控制会计   B. 责任会计

    C. 预测决策会计   D. 成本预算会计

2. 在变动成本计算法下,期末存货成本包括( )。

    A. 变动成本   B. 固定生产成本

    C. 制造成本   D. 变动生产成本

3. 下列各项中,属于非贴现指标的是( )。

    A. 投资回收期法   B. 净现值法

    C. 内含报酬率法   D. 现值指数法

4. 某厂是其总公司下属的一个投资中心,该厂预计2005年投资500万元,预计净收益增加100万元,如果该公司的平均报酬率为20%,则该厂这项投资的剩余收益为( )万元。

    A. 45   B. 0   C. 105   D. 150

5. 已知上年利润为10万元,下一年经营杠杆系数为1.4,销售量变动率为15%,则下一年利润预测数为( )万元。

    A. 14   B. 15   C. 12.1   D. 12.5

6. 如果期末存货中的固定性制造费用小于期初存货中的固定性制造费用,则分别采用完全成本法与变动成本法计算的营业利润的差额为( )。

    A. 一定等于零   B. 一定小于零   C. 一定大于零   D. 无法确定

7. 假定下列各项中的因素变动均处于相关范围内,则能够导致保本点升高的是( )。

    A. 单价提高   B. 实际销售额增加

    C. 安全边际额增加   D. 单位变动成本升高

8. 以下属于决策不相关成本的是( )。

    A. 差别成本   B. 机会成本   C. 沉没成本   D. 重置成本

9. 下列预算中,不属于日常业务预算的是( )。

    A. 生产成本预算   B. 销售预算

    C. 现金预算   D. 直接材料采购成本预算

10. 在产销平衡的情况下,一个企业同时生产多种产品,其中一种单位边际贡献为正的产品最终变为亏损产品,其根本原因在于( )。

    A. 该产品总成本太高

    B. 该产品销售量太小

    C. 该产品分担的固定成本相对较高

    D. 该产品存在严重积压

11. 平衡计分卡通过一系列因果关系链把( )结合起来,以便清晰地诠释公司战略,从而实现化战略为行动。

    A. 结果指标与业绩驱动因素指标   B. 管理层与员工

    C. 沟通与教育   D. 企业战略与市场份额

12. 在基本模式下,甲材料年需求 3 600 千克,经济批量为 300 千克,每千克甲材料年均变动性储存成本 2 元。则最低相关总成本为( )元。

    A. 600   B. 7 500   C. 3 600   D. 900

13. 经营杠杆系数等于1,说明( )。

    A. 固定成本大于 0   B. 固定成本等于 0

    C. 固定成本小于 0   D. 与固定成本无关

14. 直接材料价格差异的计算公式为:( )。

    A. 价格差异=(实际数量-标准数量)×实际价格

    B. 价格差异=(实际数量-标准数量)×标准价格

    C. 价格差异=(实际价格-标准价格)×实际数量

    D. 价格差异=(实际价格-标准价格)×标准数量

15. 为多种产品生产提供服务的作业是( )。

    A. 专属作业   B. 增值作业   C. 不增值作业   D. 共同消耗作业

二、多项选择题(共 10 题,每小题 2 分,共 20 分)

1. 下列各项中,属于管理会计与财务会计区别的有( )。

    A. 会计主体不同   B. 基本职能不同

    C. 工作依据不同   D. 具体工作目标不同

    E. 方法及程序不同

2. 在产销不平衡情况下,下面说明中,正确的有( )。

    A. 本期生产量大于销售量时,按完全成本法所确定的利润小于变动成本法下的利润

    B. 本期生产量小于销售量时,按完全成本法所确定的利润小于变动成本法下的利润

    C. 本期生产量小于销售量时,按完全成本法所确定的利润大于变动成本法

下的利润

    D. 本期生产量等于销售量时,按完全成本法所确定的利润必然等于变动成本法下的利润

3. 根据成本性态,可将成本划分为(　　　)。

    A. 固定成本　　　B. 责任成本　　　C. 变动成本　　　D. 直接成本

    E. 混合成本

4. 管理会计师职业道德准则主要包括(　　　)。

    A. 专业能力　　　B. 诚实正直　　　C. 客观性　　　D. 保密

5. 影响剩余收益的因素有(　　　)。

    A. 利润　　　　　　　　　　　B. 投资额

    C. 利润留存比率　　　　　　　D. 规定或预期的最低投资利润

6. 下列短期决策中,正确的有(　　　)。

    A. 将亏损产品停产,其生产能力用来生产边际贡献更大的产品

    B. 边际贡献为负数的产品立即停产

    C. 亏损产品若仍能提供边际贡献,则不一定立即停产

    D. 接受客户追加订货的条件是其出价必须高于单位产品生产成本

    E. 有剩余生产能力时,只要客户出价高于单位产品变动成本即可为其加工生产

7. 与决策相关的成本有(　　　)。

    A. 机会成本　　　B. 增量成本　　　C. 沉没成本　　　D. 专属成本

    E. 可延缓成本

8. 确定存货的经济订货点应充分考虑(　　　)等因素。

    A. 经济订货量　　　　　　　　B. 全年需求总量

    C. 提前期　　　　　　　　　　D. 正常存货消耗量水平

    E. 安全储备量水平

9. 不属于趋势预测的销售预测方法有(　　　)。

    A. 市场调查法　　　B. 最小平方法　　　C. 指数平滑法　　　D. 算术平均法

    E. 加权平均法

10. 平衡计分卡的基本内容是由(　　　)几个维度组成。

    A. 内部业务流程　　　　　　　B. 学习与成长

    C. 财务　　　　　　　　　　　D. 客户

三、判断题(共10题,每小题1分,共10分)

1. 在利率和计息期相同的条件下,复利年金现值系数乘以复利年金终值系数等于1。　　　　　　　　　　　　　　　　　　　　　　　　　　　　　(　　　)

2. 假设某企业无固定成本,则其保本销售量和保本销售额均为 0。　　　（　　）

3. 销售预算是在生产预算的基础上编制的,它是日常业务预算中以价值形式反映预算期内有关产品销售数量及品种构成的一种预算。　　　　　　　　　（　　）

4. 在长期投资项目决策中,若投资方案的现值指数大于 1,则该方案是可行方案。　　　　　　　　　　　　　　　　　　　　　　　　　　　（　　）

5. 机会成本是应由中选的最优方案负担的,按所放弃的次优方案潜在收益计算的那部分资源损失。　　　　　　　　　　　　　　　　　　　　　（　　）

6. 期初存货数量等于期末存货数量,变动成本计算法确定的营业利润等于完全成本计算法确定的营业利润。　　　　　　　　　　　　　　　　　（　　）

7. 在一定时期内,如果企业的保本作业率为零,可以断定该企业处于保本状态。　　　　　　　　　　　　　　　　　　　　　　　　　　　　　（　　）

8. 作业成本法下,归属于同一个成本库的成本要按照同一个成本动因来进行成本的分配。　　　　　　　　　　　　　　　　　　　　　　　　　（　　）

9. 某公司的某一部门有关资料如下：部门销售收入 30 000 元；部门销售产品变动生产成本和变动性销售费用 20 000 元；部门可控固定成本 1 600 元；部门不可控固定成本 2 400 元。则该部门的部门边际贡献为 10 000 元。　　　　　（　　）

10. 存货控制的 ABC 分类法是依据企业对存货需要量的多少分类的。某种物资需要量多,对企业就显得重要,就应当把它归入 A 类物资。　　　　　（　　）

四、计算题（共 43 分）

1.（8 分）某厂拟投产新产品,预计其单位变动成本为 30 元,固定成本总额为 27 000 元。如果要求该产品的销售利润率达到 8%,安全边际率达到 20%。

要求：（1）该产品的售价为多少？

（2）计算该产品的保本点。

（3）计算该产品的预计利润。

2.（12 分）某企业只生产甲产品,全年最大生产能力为 1 200 件。年初已按每件 100 元的价格接受正常任务 1 000 件,该产品的单位完全生产成本为 80 元/件（其中,单位固定生产成本为 25 元）。现有一客户要求以每件 70 元的价格追加订货。

要求：请考虑以下不相关情况,用差别损益分析法为企业作出是否接受低价追加订货的决策,并说明理由。

（1）剩余能力无法转移,追加订货量为 200 件,不追加专属成本。

（2）剩余能力无法转移,追加订货量为 200 件,但因有特殊要求,企业需追加 1 000 元专属成本。

（3）同（1）,但剩余能力可用于对外出租,可获租金收入 5 000 元。

（4）剩余能力无法转移,追加订货量为 300 件；因有特殊要求,企业需追加 900

元专属成本。

3.（5分）某公司全年需用甲零件1 600个，专门生产甲零件的设备每天生产10个，每日领用5个，每批调整准备成本为50元，每个零件的年平均储存成本为2元，每个零件的生产成本为14元。

要求：分别计算甲零件的最优生产批量、最优生产批数以及全年最低的总成本。

4.（10分）某公司拟投资15 500元购入一台设备，该设备预计净残值为500元，可使用3年，折旧按直线法计算。设备投产后每年销售收入增加额分别为10 000元、20 000元、15 000元，除折旧外的每年付现成本增加额分别为4 000元、12 000元、5 000元。公司使用的所得税税率为40%，要求最低的投资报酬率为10%，目前税后利润为20 000元。

要求：计算该方案的净现值，并做出是否购入该设备的决策。

5.（8分）某公司的预定最低投资报酬率为13%，其所属甲投资中心的经营资产为800万元，经营利润为130万元，销售收入为2 000万元。

要求：

（1）计算甲投资中心的投资利润率、资产周转率、销售利润率和剩余收益。

（2）假定甲投资中心追加投资300万元，可增加经营利润46万元，计算追加投资后的投资利润率和剩余收益。

五、案例分析题（本题12分）

案例资料：某公司2月份生产甲产品1 000件，销售800件，其成本资料详见下表。

单位：元

	项　　目	单 位 成 本	总 成 本
生产成本	直接材料	20	20 000
	直接人工	18	18 000
	变动制造费用	10	10 000
	固定制造费用		2 000
	合计		50 000
非生产成本	变动非生产成本	4	4 000
	固定非生产成本		6 000
	合计		10 000

假设：为简化起见，假定这里的变动非生产成本均为变动销售费用，其总额随销

售量变动而成正比例变动。

要求：

（1）分别采用完全成本法和变动成本法确定期间成本和单位产品的生产成本。

（2）假设期末没有在产品存货，期初没有产成品存货，采用两种成本计算方法计算期末产成品存货成本。

（3）假设该公司1月份生产甲产品1 000件，同时也销售出1 000件；2月份生产甲产品1 000件，只销售出800件；3月份生产甲产品1 000件，销售出1 200件。甲产品每件销售单价为80元。其单位变动成本资料和固定成本资料不变，并假设1月初没有产成品存货，各月月初、月末均无在产品存货。分别采用完全成本法和变动成本法确定各月的损益。

模拟试卷(B)参考答案及评分标准

一、单项选择题(每小题 1 分,共 15 分)

1. (B) 2. (D) 3. (A) 4. (B) 5. (C) 6. (B) 7. (D) 8. (C)

9. (C) 10. (C) 11. (A) 12. (A) 13. (B) 14. (C) 15. (D)

二、多项选择题(每小题 2 分,共 20 分)

1. (ABCDE) 2. (BD) 3. (ACE) 4. (ABCD) 5. (ABD) 6. (ABCE)

7. (ABDE) 8. (ACDE) 9. (AB) 10. (ABCD)

三、判断题(每小题 1 分,共 10 分)

1. (×) 2. (×) 3. (×) 4. (√) 5. (√) 6. (√) 7. (×) 8. (×)

9. (×) 10. (×)

四、计算题(共 45 分)

1. (本小题 8 分) (1) $8\% = cmR \times 20\%$ $cmR = 40\%$

$(p-30)/p = 40\%$ $p = 50$ 元   (3分)

(2) 保本销售量 $= 27\,000/(50-30) = 1\,350$(件)

保本销售额 $= 27\,000/40\% = 67\,500$(元)   或 $1\,350 \times 50 = 67\,500$(元)   (2分)

(3) 设预计销售额为 x

则 $(x - 67\,500)/x = 20\%$ $x = 84\,375$(元)

预计利润 $P = 84\,375 \times 8\% = 6\,750$(元)   (3分)

2. (本小题 12 分,每点 3 分)

(1) 绝对剩余生产能力 $= 1\,200 - 1\,000 = 200$(件)

追加订货不冲击正常任务。

差别损益分析表

	接受追加订货	拒绝追加订货	差 异 额
相关收入	14 000	0	14 000
相关成本合计	11 000	0	11 000
其中:增量成本	11 000	0	
差 别 损 益			3 000

因为差别损益指标为 +3 000 元,所以应当接受此项追加订货,这可使企业多获得 3 000 元利润。

(2)

差别损益分析表

	接受追加订货	拒绝追加订货	差 异 额
相关收入	14 000	0	14 000
相关成本合计	12 000	0	12 000
其中：增量成本	11 000	0	
专属成本	1 000	0	
差 别 损 益			2 000

因为差别损益指标为＋2 000元，所以应当接受此项追加订货，这可使企业多获得2 000元利润。

(3)

差别损益分析表

	接受追加订货	拒绝追加订货	差 异 额
相关收入	14 000	0	14 000
相关成本合计	16 000	0	16 000
其中：增量成本	11 000	0	
机会成本	5 000	0	
差 别 损 益			—2 000

因为差别损益指标为—2 000元，所以应当拒绝此项追加订货，否则将使企业多损失2 000元利润。

(4)

差别损益分析表

	接受追加订货	拒绝追加订货	差 异 额
相关收入	2 100	0	21 000
相关成本合计	21 900	0	21 900
其中：增量成本	11 000	0	
机会成本	10 000	0	
专属成本	900	0	
差 别 损 益			—900

因为差别损益指标为－900元,所以应当拒绝此项追加订货,否则将使企业多损失900元利润。

3.(本小题5分)

$Q^2 = [2 \times 1\,600 \times 50/2 \times (1-5/10)] = 160\,000(个)$　　$Q = 400(个)$　　(2分)

$A = 1\,600/400 = 4(批)$　　　　　　　　　　　　　　　　　　　(1分)

$T^2 = 2 \times 1\,600 \times 50 \times 2 \times (1-5/10) = 160\,000(元)$　　$T = 400(元)$　　(2元)

4.(本小题10分)

年折旧 $= (15\,500-500) \div 3 = 5\,000(元)$　　　　　　$NCF_0 = -15\,500$ (每项1分)

$NCF_1 = (10\,000-4\,000)(1-40\%)+5\,000 \times 40\% = 3\,600+2\,000 = 5\,600(元)$

$NCF_2 = (20\,000-12\,000)(1-40\%)+2\,000 = 6\,800(元)$

$NCF_3 = (15\,000-5\,000)(1-40\%)+2\,000+500 = 8\,500(元)$ (以上每项2分)

$NPV = 5\,600 \times 0.909+6\,800 \times 0.826+8\,500 \times 0.751-15\,500 =$

　　　$17\,090.7-15\,500 = 1\,590.7(元) > 0$　　　　　　　　　(3分)

应购入该设备。　　　　　　　　　　　　　　　　　　　　　　(1分)

5. (本小题8分)(1) 投资利润率 $= \dfrac{130}{800} \times 100\% = 16.25\%$　　　　　(1分)

资产周转率 $= \dfrac{2\,000}{800} = 2.5$　　　　　　　　　　　　　　　(1分)

销售利润率 $= \dfrac{130}{2\,000} \times 100\% = 6.5\%$　　　　　　　　　　(1分)

剩余收益 $= 130-800 \times 13\% = 26(万元)$　　　　　　　　(1分)

(2) 投资利润率 $= \dfrac{130+46}{800+300} \times 100\% = 16\%$　　　　　　(2分)

剩余收益 $= 176-1\,100 \times 13\% = 33(万元)$　　　　　　　(2分)

五、案例分析题(本题12分)

(1) 在完全成本法和变动成本法下确定的期间成本和单位产品的生产成本分别见下表。

单位产品的生产成本　　　　　　　　　　　单位:元

项　　目	完全成本法	变动成本法
变动生产成本	48	48
固定制造费用	2	
单位生产成本	50	48

　　　　　　　　　　　　　　　　　　　　　　　　　　　　　(2分)

期间成本

单位：元

项　目	完全成本法	变动成本法
固定制造费用		2 000
非生产成本	10 000	10 000
期间成本合计	10 000	12 000

（2分）

（2）

期末产成品存货成本

金额单位：元

项　目	完全成本法	变动成本法
单位产品生产成本	50	48
期末产成品存货数量（件）	200	200
期末产成品存货成本	10 000	9 600

（2分）

（3）

各月的损益计算表

单位：元

	项　目	1　月	2　月	3　月
完全成本法	销售收入：	80 000	64 000	96 000
	减：销售成本	50 000	40 000	60 000
	销售毛利	30 000	24 000	36 000
	减：非生产成本			
	其中：变动非生产成本	4 000	3 200	4 800
	固定非生产成本	6 000	6 000	6 000
	营业利润	20 000	14 800	25 200
变动成本法	销售收入：	80 000	64 000	96 000
	减：变动成本			
	其中：变动生产成本	48 000	38 400	57 600
	变动非生产成本	4 000	3 200	4 800
	边际贡献	28 000	22 400	33 600
	减：固定成本：			
	固定生产成本	2 000	2 000	2 000
	固定非生产成本	6 000	6 000	6 000
	营业利润	20 000	14 400	25 600

（2分）　　　　　（2分）　　　　　（2分）

模拟试卷（C）

一、单项选择题（共 15 题，每小题 2 分，共 30 分）

1. 管理会计的服务对象主要是（　　）。
   A. 投资人　　　　　　　　　B. 债权人
   C. 内部经营管理人员　　　　D. 政府机关

2. 成本按性态可分为（　　）。
   A. 生产成本、非生产成本　　　B. 变动成本、固定成本
   C. 直接成本、间接成本　　　　D. 变动成本、固定成本、混合成本

3. 在成本水平不变的情况下，某年按完全成本法计算的营业利润大于变动成本法计算的营业利润，其原因是（　　）。
   A. 生产量大于销售量　　　　B. 销售量大于生产量
   C. 固定制造费用不同　　　　D. 期间费用不同

4. 某企业按变动成本法计算的营业利润为 4 000 万元，期初产品存货中固定制造费用为 200 万元，期末产品存货中固定制造费用为 300 万元，则按完全成本法计算的营业利润为（　　）万元。
   A. 4 500　　　　B. 4 100　　　　C. 4 300　　　　D. 4 200

5. （　　）成本在一定的业务量范围内有一个固定不变的基数，当业务量增长超出了这个范围，其成本会与业务量的增长呈正比例变动。
   A. 半固定　　　　　　　　　B. 延期变动
   C. 变动　　　　　　　　　　D. 半变动

6. 已知某企业本年度和上年度生产甲产品制造成本有关资料如下：上年度产量为 30 000 件，甲产品制造成本总额为 324 000 元；本年度产量为 20 000 件，甲产品制造成本总额为 276 000 元。则该企业固定制造费用为（　　）元。
   A. 180 000　　　B. 200 000　　　C. 30 000　　　　D. 20 000

7. 某企业只生产一种产品，单位变动成本为 30 元，固定成本总额 4 000 元，产品单位售价 50 元，要使保本作业率达到 80%，该企业预计销售量应达到（　　）件。
   A. 250　　　　　B. 200　　　　　C. 150　　　　　D. 400

8. 若销售利润率为 30%，变动成本率为 40%，则保本作业率应为（　　）。
   A. 30%　　　　　B. 40%　　　　　C. 50%　　　　　D. 75%

9. A 公司基期销售收入为 20 000 元，变动成本率为 70%，固定成本为 1 000 元，

基期利润为 5 000 元。本年销售量增长 20%,则该公司利润变动率为( )。

    A. 20%   B. 24%   C. 8%   D. 80%

10. 亏损产品应该停产的条件是亏损产品的边际贡献( )。

    A. 大于零   B. 小于零

    C. 小于固定成本   D. 等于零

11. 在零部件自制还是外购的决策中,当零部件需要量不确定时,应采用方法是( )。

    A. 无差别点分析法   B. 边际贡献分析法

    C. 差别成本分析法   D. 相关成本分析法

12. 某方案贴现率为 14% 时,净现值为正值;贴现率为 16% 时,净现值为负值;则该方案内含报酬率为( )。

    A. 等于 15%   B. 大于 16%

    C. 小于 14%   D. 大于 14%,小于 16%

13. 某公司从本年度起每年年末存入银行一笔固定金额的款项,若按复利制用最简便算法计算第 n 年年末可以从银行取出的本利和,则应选用的时间价值系数是( )。

    A. 复利终值数   B. 复利现值系数

    C. 普通年金终值系数   D. 普通年金现值系数

14. 已知 $(F/A, 10\%, 9) = 13.579$, $(F/A, 10\%, 11) = 18.531$, 10 年期, 利率为 10% 的预付年金终值系数值为( )。

    A. 14.579   B. 15.937   C. 17.531   D. 12.579

15. 在投资中心的主要考核指标中,( )指标能使个别投资中心的局部利益与企业整体利益相一致。

    A. 投资利润率   B. 剩余收益   C. 责任成本   D. 利润总额

二、多项选择题(共 5 题,每小题 2 分,共 10 分。每小题备选答案中,有两个或两个以上符合题意的正确答案。多选、错选、不选均不得分。在无多选和错选的情况下,每小题选对 50% 以上得 1 分,全部选对得 2 分)

1. 管理会计的主要职能是( )。

    A. 预测经济前景   B. 参与经济决策

    C. 规划经营目标   D. 控制经营过程

2. 在产销不平衡情况下,下面说明中,正确的有( )。

    A. 本期生产量大于销售量时,按完全成本法所确定的利润小于变动成本法下的利润

    B. 本期生产量小于销售量时,按完全成本法所确定的利润小于变动成本法下的利润

C. 本期生产量小于销售量时,按完全成本法所确定的利润大于变动成本法下的利润

D. 本期生产量等于销售量时,按完全成本法所确定的利润必然等于变动成本法下的利润

3. 影响剩余收益的因素有(　　　)。

 A. 利润   B. 投资额

 C. 规定或预期的最低投资利润 D. 利润留存比率

4. 下列短期决策中,正确的有(　　　)。

 A. 将亏损产品停产,其生产能力用来生产边际贡献更大的产品

 B. 边际贡献为负数的产品立即停产

 C. 亏损产品若仍能提供边际贡献,则不一定立即停产

 D. 对于有剩余生产能力的特殊订货,只要客户出价高于单位产品变动成本就可以接受

5. 某项目从现在开始投资,2年内没有回报,从第3年开始每年获利额为A,获利年限为5年,则该项目利润的现值为(　　　)。

 A. $A \times (P/A, i, 5) \times (P/F, i, 3)$

 B. $A \times (P/A, i, 5) \times (P/F, i, 2)$

 C. $A \times (P/A, i, 7) - A \times (P/A, i, 2)$

 D. $A \times (P/A, i, 7) - A \times (P/A, i, 3)$

三、判断题(共 10 题,每小题 1 分,共 10 分。对的打"√",错的打"×"。每小题判断结果正确的得 1 分,判断结果错误的和不判断的均不得分)

1. 实际利率是指 1 年内多次复利时给出的年利率,它等于每个计息周期的利率与年内复利次数的乘积。(　　　)

2. 期初存货数量等于期末存货数量,变动成本计算法确定的营业利润等于完全成本计算法确定的营业利润。(　　　)

3. 在一定时期内,如果企业的保本作业率为零,可以断定该企业处于保本状态。(　　　)

4. 若销售利润率为 30%,变动成本率为 40%,则安全边际率应为 50%。(　　　)

5. 经营杠杆系数与销售量的利润灵敏度指标没有必然联系。(　　　)

6. 一般情况下,经营杠杆系数等于 1,说明该企业经营风险极大。(　　　)

7. 机会成本是应由中选的最优方案负担的,按所放弃的次优方案潜在收益计算的那部分资源损失。(　　　)

8. 边际贡献小于零的企业必然是亏损企业,所以亏损产品创造的边际贡献小于零就不应该停止生产。(　　　)

9. 在一般投资项目中,当一项投资方案的净现值等于零时,即表明该方案的内含报酬率等于设定折现率或行业基准收益率。 （ ）

10. 在长期投资决策中,净现值的大小与项目设定的贴现率成反比。 （ ）

四、计算分析题(答案必须写在答题卷相应的位置上,否则无效;共4题,50分)

1. (16分)某公司2012年度只产销一种产品,产量为400件,销量为350件,单位变动生产成本为19元,单位变动销售及管理费用4元,边际贡献率为50%,固定制造费用总额2 800元,固定销售及管理费用总额2 100元。

要求:

(1) 计算完全成本法下单位产品成本、变动成本法的单位变动成本和固定成本。

(2) 计算该产品售价。

(3) 分别用完全成本计算法与变动成本计算法计算2010年营业利润。

(4) 计算该公司保本销售额和安全边际率。

2. (10分)B企业今年产销甲产品10 000件,销售单价为26元,其变动成本率为70%,固定成本总额为18 000元。若该企业在计划期的甲产品的售价和成本水平均无变动,但根据市场调查,该企业决定在计划期将甲产品的销售量增长18%。

要求:通过经营杠杆系数的计算,预测该企业在计划期将实现多少利润。

3. (10分)N公司原生产甲产品,现利用剩余生产能力开发乙产品或丙产品,有关资料如下:

项　　目	甲产品	乙产品	丙产品
销售量(件)	3 000	1 000	1 400
销售单价(元/件)	50	90	70
单位变动成本(元/件)	30	65	48
固定成本(元)		18 000	

要求:

(1) 你认为开发乙产品还是丙产品,为什么?

(2) 如果开发乙产品会导致甲产品减产1/3,开发丙产品会使甲产品减产1/2,进行开发乙产品或丙产品的决策。

4. (14分)广大公司拟投资15 500元购入一台设备,该设备预计净残值为500元,可使用3年,折旧按直线法计算。设备投产后每年销售收入增加额分别为10 000元,20 000元,15 000元,除折旧外的每年付现成本增加额分别为4 000元、12 000元、5 000元。公司使用的所得税税率为25%,要求最低的投资报酬率为10%,有关资金时间价值如下表。

利率 \ 年数		1	2	3
复利现值	10%	0.909	0.826	0.751
年金现值	10%	0.909	1.736	2.487

要求：计算该方案的净现值和静态投资回收期，并作出是否购入该设备的决策。

模拟试卷(C)参考答案及评分标准

一、单项选择题(每小题 1 分,共 15 分)

1. (C) 2. (D) 3. (A) 4. (B) 5. (B) 6. (A) 7. (A) 8. (C)
9. (B) 10. (B) 11. (A) 12. (D) 13. (C) 14. (C) 15. (B)

二、多项选择题(每小题 2 分,共 20 分)

1. (ABCD) 2. (BD) 3. (ABC) 4. (ABCD) 5. (BC)

三、判断题(每小题 1 分,共 10 分)

1. (×) 2. (√) 3. (×) 4. (√) 5. (×) 6. (×) 7. (√) 8. (×)
9. (√) 10. (√)

四、计算分析题(50 分)

1. (16 分)

单位产品成本 $= 19 + 2\,800/400 = 26$(元)   (2分)

单位变动成本 $= 19 + 4 = 23$(元)   (2分)

固定成本 $= 2\,800 + 2\,100 = 4\,900$(元)   (2分)

单价 $= 23/(1 - 50\%) = 46$(元)   (2分)

利润(变) $= 350(46 - 23) - 4\,900 = 3\,150$(元)   (2分)

利润(完) $= 46 \times 350 - (0 + 26 \times 400 - 26 \times 50) -$

$\qquad\qquad 4 \times 350 - 2\,100 = 3\,500$(元)   (2分)

保本销售额 $= 4\,900/50\% = 9\,800$(元)   (2分)

安全边际率 $= (350 \times 46 - 9\,800)/350 \times 46 = 39.13\%$ (2分)

2. (10 分)

基期变动成本总额 $= 26 \times 10\,000 \times 70\% = 182\,000$(元)   (2分)

基期边际贡献总额 $= 26 \times 10\,000 - 182\,000 = 78\,000$(元)   (2分)

基期利润 $= 78\,000 - 18\,000 = 60\,000$(元)   (2分)

经营杠杆系数(DOL)$= Tcm/P = 78\,000 \div 60\,000 = 1.3$ (2分)

预测计划期利润 $= P \times (1 + R \times DOL) =$

$\qquad\qquad 60\,000 \times (1 + 18\% \times 1.3) = 74\,040$(元)   (2分)

3. (10 分)

(1) 开发乙产品边际贡献 $= 1\,000 \times (90 - 65) = 25\,000$(元)   (2分)

开发丙产品边际贡献 $= 1\,400 \times (70 - 48) = 30\,800$(元)   (2分)

开发乙产品边际贡献<开发丙产品边际贡献,所以开发丙产品有利。　　　（1分）

（2）开发乙产品获利 $= 1\,000 \times (90-65) - 3\,000 \times 20 \times 1/3 = 5\,000$（元）

（2分）

开发丙产品获利 $= 1\,400 \times (70-48) - 3\,000 \times 20 \times 1/2 = 800$（元）　　（2分）

开发乙产品获利>开发丙产品获利,开发乙产品有利。　　　　　　　　　（1分）

4.（14分）

年折旧 $= (15\,500-500) \div 3 = 5\,000$（元）

$NCF_0 = -15\,500$（元）　　　　　　　　　　　　　　　　　　　　　　　　（2分）

$NCF_1 = (10\,000-4\,000)(1-25\%) + 5\,000 \times 25\% = 4\,500 + 1\,250 = 5\,750$（元）

（2分）

$NCF_2 = (20\,000-12\,000)(1-25\%) + 1\,250 = 7\,250$（元）　　　　　　（2分）

$NCF_3 = (15\,000-5\,000)(1-25\%) + 1\,250 + 500 = 9\,250$（元）　　　（2分）

$NPV = 5\,750 \times 0.909 + 7\,250 \times 0.826 + 9\,250 \times 0.751 - 15\,500 =$

$17\,090.7 - 15\,500 = 2\,662$（元）　　　　　　　　　　　　（2分）

静态投资回收期 $= 2 + (15\,500 - 5\,750 - 7\,250)/9\,250 = 2.27$（年）　　（2分）

由于净现值大于零,静态投资回收期 <3 年,故应购入该设备。　　　　（2分）